SCHÄPPI / EBERSBACH / BENGUEREL / GSCHWIND

# PALAFITFOOD

SCHÄPPI / EBERSBACH / BENGUEREL / GSCHWIND

# PALAFITFOOD
So schmeckt die Pfahlbauküche

Besuchen Sie uns im Internet:
www.gmeiner-verlag.de

© 2023 – Gmeiner-Verlag GmbH
Im Ehnried 5, 88605 Meßkirch
Telefon 0 75 75 / 20 95-0
info@gmeiner-verlag.de
Alle Rechte vorbehalten
1. Auflage 2023

Text: PalaFitFood – Katharina Schäppi, Renate Ebersbach, Simone Benguerel, Markus Gschwind – www.palafitfood.com
Redaktion und Lektorat: Anja Sandmann, Anita und Markus Gschwind, PalaFitFood
Gestaltung und Layout: Susanne Lutz, PalaFitFood
Satz: Susanne Lutz
Bildbearbeitung: Katharina Schäppi
Gedruckt mit Unterstützung des Landesamtes für Denkmalpflege im Regierungspräsidium Stuttgart, des Bayerischen Landesamtes für Denkmalpflege, des Amtes für Archäologie des Kantons Thurgau und des Lotteriegewinnfonds des Kantons Schaffhausen.
Druck: Florjančič tisk d.o.o., Maribor
Printed in Slovenia
ISBN 978-3-8392-0440-5

# Inhalt

| | |
|---|---|
| PalaFitFood – So schmeckt die Pfahlbauküche | 8 |
| Der Warenkorb der Pfahlbauer | 16 |
|     Fleischeintopf mit wilden Wurzeln | 22 |
|     Nüsslisalat mit Leindottersaat | 23 |
|     Getreide-Haselnuss-Kaffee | 24 |
|     Schlehen-Sorbet | 26 |
| Das tägliche Brot | 28 |
|     Topfbrot mit Erbsenhummus | 34 |
|     Pastinaken-Rösti | 36 |
|     Einkorn-Eintopf | 38 |
|     Pfahlbau-Nutella | 39 |
| Die erste Ernährungsrevolution | 40 |
|     Buchenkeimling-Salat | 46 |
|     Fisch-Bärlauch-Röllchen | 47 |
|     Brennnessel-Ricotta-Ravioli | 48 |
|     Nessel-Crumble | 50 |
| Die Milch-Saison ist eröffnet | 52 |
|     Lammkoteletts mit Maispitzen | 58 |
|     Sauerkäse | 60 |
|     Kräuterquark auf Fladenbrot | 62 |
|     Colostrumtorte | 64 |
| Willkommen in der Bronzezeit | 66 |
|     Blattsalat mit Hirsewrap | 72 |
|     Pferdecarpaccio mit Löwenzahnkapern | 74 |
|     Hirselinsen mit geschmortem Ochsenschwanz | 76 |
|     Erdbeertörtchen mit Holunderblütencrème | 78 |

| | |
|---|---:|
| Fruits de lac: Fische und mehr | 80 |
|     Falsche Schildkrötenpastete | 86 |
|     Steckerlfisch mit Fladenbrot à l'Opéra | 88 |
|     Wassernuss-Linsen-Eintopf | 90 |
|     Ente mit Brombeersoße | 92 |
| Das große Krabbeln | 94 |
|     Pfahlbau-Sushi | 100 |
|     Grillen mit Erbsenpüree und Möhrenkrautpesto | 102 |
|     Geräuchertes Forellentatar | 104 |
|     Pfahlbau-Pizza | 106 |
| Licht in den Urwald | 108 |
|     Bratäpfel mit Haselnussmarzipan | 114 |
|     Reizker mit Kräuter-Fladenbrot | 115 |
|     Wildschwein mit Holunderbeeren | 116 |
|     Brombeer-Hirse-Auflauf | 118 |
| Jagen und Sammeln für den Winter | 120 |
|     Ötzis letztes Mahl | 126 |
|     Hirschzwerchfell auf Schlehenspiegel | 128 |
|     Schwammerl mit Rehnieren und Erbsenmus | 130 |
|     Nussbraten | 132 |
| Das besondere Aroma | 134 |
|     Fisch im Salzmantel | 140 |
|     Rehzunge auf Erbsenmus | 142 |
|     Malzpudding mit Apfelmus | 144 |
|     Mohnschnecken | 145 |
| Schlachtplatte oder Veganer? | 146 |
|     Rilettes de lapin | 152 |
|     Geschmorter Schweinekopf mit Blutfladenbrot | 154 |
|     Bohneneintopf mit Schweinefüßen | 156 |
| Völlerei und Hunger | 158 |
|     Markbein mit Hungerbrot | 164 |

| | |
|---|---|
| Wildschweinkeule aus dem Erdofen | 166 |
| Blutbuben | 168 |
| Schlehen-Pastinaken-Plätzchen | 170 |
| Kandierte Gallerttrichterlinge | 172 |
| Schokoladenkuchen | 174 |
| Sauerteig-Grissini | 176 |
| Challenge-Rezepte | 177 |
| Warenkorb: Die Lebensmittel der Pfahlbauer | 178 |
| Danksagung | 183 |
| Links und Literatur | 186 |
| Abbildungsnachweis | 188 |
| Autor*innen | 189 |

Einleitung

# PalaFitFood – So schmeckt die Pfahlbauküche

Ein weiteres Kochbuch? Eine neue Paläo-Diät? Nein. PalaFitFood ist kein Ernährungsprogramm und auch keine Anleitung, wie man durch das richtige Essen gesünder, schöner oder glücklicher wird. Hier geht es um Wissenschaft. Und die geht durch den Magen. Besonders in der Pfahlbauarchäologie. Denn aus den Pfahlbauten (französisch: palafittes) wissen wir von allen prähistorischen Epochen am meisten über Nahrungsmittel, Vorratshaltung, Geschirr und Ernährung. In diesem Buch haben wir aktuelle Erkenntnisse zu Lebensmitteln, Essenszubereitung, Veränderungen der Ernährung und deren Auswirkungen auf die Menschen und ihre Umwelt zur Zeit der Pfahlbauten zusammengefasst. Was Forscherinnen und Forscher bis heute herausgefunden haben, ist faszinierend, abwechslungsreich, amüsant, durchaus wohlschmeckend und erstaunlich zeitgemäß.

*Die 111 Fundstellen des UNESCO-Welterbes Pfahlbauten*

2021 feierten die »Prähistorischen Pfahlbauten um die Alpen« ein Jubiläum – sie waren zehn Jahre zuvor zum UNESCO-Welterbe ernannt worden. Aus diesem Anlass haben wir im Foodblog **www.PalaFitFood.com** das ganze Jahr lang das Thema Essen in den Pfahlbauten von allen Seiten beleuchtet. In diesem Buch sind die Herzstücke dieses Foodblogs leicht bekömmlich aufbereitet: unsere Lieblingsrezepte sowie die spannendsten, wichtigsten und seltsamsten Themen rund um das Essen vor Jahrtausenden.

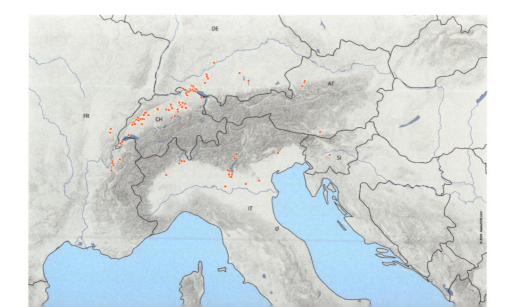

Einleitung

## Chronologie

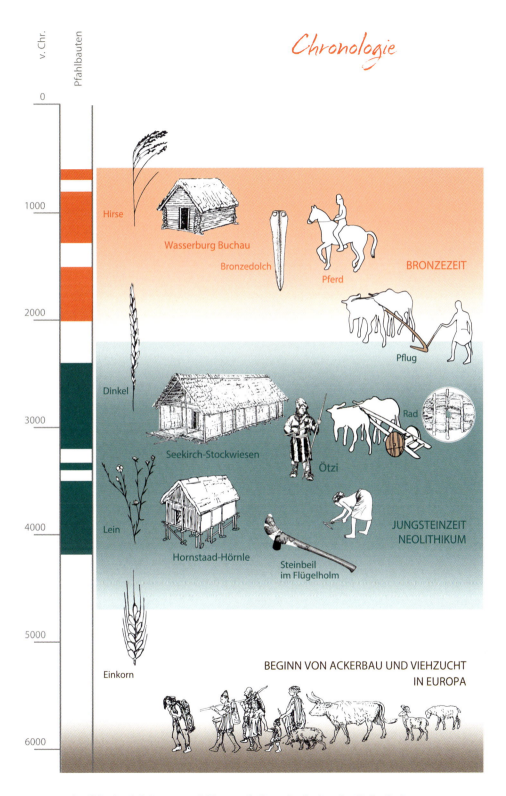

Zeittafel mit wichtigen Entwicklungsschritten (rechts) und Zeitabschnitten, in denen Pfahlbauten nachgewiesen sind (links)

Einleitung

# Faszination Pfahlbauten

Pfahlbauten gab es rund um die Alpen von etwa 4300 bis 800 v. Chr. Die Pfahlbauzeit umfasst die urgeschichtlichen Epochen der Jungsteinzeit und Bronzezeit und unterschiedliche archäologische Kulturen (vgl. die Chronologie-Tabelle auf Seite 9). Während dieser langen Zeit waren die Menschen mit verschiedensten Einflüssen konfrontiert, die ihr Zusammenleben und auch ihre Ernährung veränderten: technische Neuerungen wie Rad und Wagen, Metall oder der Pflug, neue Tier- und Pflanzenarten, verschiedenste kulturelle Einflüsse und Klimakrisen. Die Alpen wurden besiedelt, die Milchwirtschaft erfunden, Güter wie Feuerstein, Bernstein, Muscheln, Zinn, Glas und Geschirr wurden durch halb Europa und über die Alpen transportiert. Und auf diesen Wegen wurden sicher auch neue Zutaten, Kochmethoden und Rezepte ausgetauscht.

*Steinzeitliche Erfindung: das Rad (Olzreute-Enzisholz, D)*

Direkt am See oder im Moor zu leben ist ein Phänomen, das nicht nur auf den unverbaubaren Seeblick zurückzuführen ist. Die Wohnlage gewährleistete einen natürlichen Schutz und gleichzeitig unmittelbaren Zugang zum Wasser und damit zu einer wichtigen Nahrungsquelle. Flüsse und Seen waren vor dem Ausbau von Straßen zudem die wichtigsten Verkehrs- und Kommunikationsachsen. Für die Archäologie sind die Siedlungen in der Nähe von Gewässern aber vor allem wegen der Feuchtbodenerhaltung bedeutend: Im wassergesättigten Untergrund geht die Zersetzung der Überreste der Pfahlbauten durch den Sauerstoffabschluss sehr viel langsamer vonstatten als in trockener oder wechselfeuchter Erde. Dadurch erhalten sich auch Pflanzenteile von sehr großen Objekten wie Einbäumen oder Rädern bis hin zu sehr kleinen Gegenständen wie Fäden, Nuss-Schalen, Getreide-Spelzen und manchmal sogar Blatt-Resten oder Moosen.

# Einleitung

*Modell der Moorsiedlung Thayngen-Weier (CH)*

## Aus Müll Geschichte machen

Das umschreibt ziemlich genau die Aufgabenstellung der mitteleuropäischen Archäologie, wenn sie sich mit dem Ausgraben und Erforschen von Jahrtausende alten Siedlungsresten beschäftigt. In den Pfahlbauten hat ein Sammelsurium aus Kompost, Müll, Bauschutt (Ruinen) sowie menschlichen und tierischen Fäkalien die Jahrtausende überdauert. Diese braunen Ablagerungen nennen die Archäologen beschönigend »Kulturschicht«. Und der Name ist Programm:

*Ausgrabung einer Kulturschicht in Bad Buchau-Buchwiesen (D)*

## Einleitung

Fast alles, was wir heute über die Kultur – das heißt das Leben in all seinen Facetten – aus der Zeit der Pfahlbauten wissen, stammt aus diesen Schichten. Mit den Pfahlbauten fassen wir allerdings nur einen kleinen Ausschnitt der damaligen Kulturlandschaft. Gegenden wie das Schweizer Mittelland zwischen Genfersee und Bodensee, Oberschwaben, das bayerische Alpenvorland oder die fruchtbaren Landschaften im Donautal, Alpenrheintal oder Oberrheingraben waren in prähistorischen Zeiten nicht nur an den Gewässern dicht besiedelt. Aber nur wenige Meter von Seen, Flüssen und Mooren entfernt sind die organischen Materialien zerfallen, und es finden sich nur noch unvergängliche Artefakte aus Stein, gebranntem Ton, Knochen, Kupfer oder Bronze in ein paar Bodenverfärbungen, die einmal Pfostenlöcher, Abfallgruben oder Feuerstellen waren.

In Pfahlbaufundstellen ist das ganz anders. Hier haben sich die Überreste in großen Mengen erhalten, in sehr großen Mengen. Die Ausgrabung einer Pfahlbausiedlung, die wenige Jahre existierte und aus zwei Dutzend Häusern bestand, kann schon mal über eine Tonne Keramik und Tierknochen erbringen, dazu vollständig erhaltene (Holz-)Fußböden, Tausende von Pfählen, Hunderte von Holzobjekten, Millionen von Samen, Fruchtsteinen oder Nuss-Schalen. Liest man die Funde nicht nur von Hand aus, sondern schlämmt die Kulturschicht durch Siebe, finden sich sogar Fisch-Schuppen, Insektenreste und Parasiten-Eier. Diese unglaublich reichen und mannigfaltigen Reste erlauben die Rekonstruktion des Alltagslebens der menschlichen und tierischen Bewohnerinnen mit einem Grad von Genauigkeit und statistischer Sicherheit, wie sie sonst in der Archäologie kaum erreicht werden. Daraus lässt sich die Architektur der Häuser, das (agrar-)technische Wissen, die Umwelt und deren Veränderung über die Jahrtausende und eben die Ernährung rekonstruieren. Die Funde liefern Informationen rund ums Essen: saisonale Küche, regionale Spezialitäten, Notzeiten und Festessen, Vorratshaltung,

*Haselnüsse, Fischwirbel, Holz und Scherben in einer Kulturschicht von Arbon-Bleiche 3 (CH)*

nachhaltige Lebensmittelversorgung, Zubereitungsmethoden und vieles mehr. Dieser unglaubliche Reichtum an Informationen zum Leben in der Jungsteinzeit und Bronzezeit war letztlich auch der Grund, warum die UNESCO 2011 mit den »Prähistorischen Pfahlbauten um die Alpen« eine Auswahl von 111 Siedlungen in sechs Ländern in die Welterbeliste eingeschrieben hat.

## Wissenschaft geht durch den Magen

Es gibt viele Forschungsbereiche innerhalb der Prähistorischen Archäologie, die zum Themenbereich Essen, Ernährung und Gesundheit beitragen, aber bisher hat noch niemand all dieses Wissen für die Zeit der Pfahlbauten in dieser Gesamtheit und Ausführlichkeit zusammengetragen und dabei einen so tiefen und neugierigen Blick in die Kochtöpfe der Pfahlbauer geworfen. Vor allem wollten wir wissen: Wie sahen die Menüs der Pfahlbauerinnen aus? Oder vielmehr: Wie könnten sie ausgesehen haben?

*So könnte eine Kochstelle vor rund 5.500 Jahren ausgesehen haben*

Dieses Buch basiert auf einem bunten Strauß wissenschaftlicher Erkenntnisse aus mehr als 150 Jahren Pfahlbauforschung, angeordnet rund um das Thema Essen. Die verschiedenen Themenkreise sind kombiniert mit unseren Rezepten, die nur Zutaten enthalten, welche den Pfahlbauern bekannt waren. Das Lebensmittel-

# Einleitung

angebot war – im Vergleich zu heute – klein, aber bei weitem nicht beschränkt. Die wenigen angebauten Feldfrüchte wurden ergänzt durch Dutzende von Sammelpflanzen. In manchen Fundstellen sind sogar mehrere Hundert verschiedene Pflanzenarten nachgewiesen. Die Pfahlbauerinnen kannten ihre Umwelt so gut, dass sie vermutlich alles, was in der jeweiligen Zeit und Region vorkam und essbar war, auch wirklich verzehrt haben, vom Froschschenkel über Wildobst und Wildgemüse bis hin zu wild wachsenden Gewürzpflanzen.

Dabei werden Unterschiede zu unserer heutigen Ernährung nur zu deutlich sichtbar. Raffinierter Zucker war nicht bekannt, ebenso wenig Tomaten, Kartoffeln oder Zwiebeln. Salz war kostbar, die heute streng geschützte Wassernuss hingegen wurde zuhauf gegessen, Übergewicht war keine Volkskrankheit und gesättigte Fettsäuren kein Thema. Aber es gibt auch erstaunlich viele Gemeinsamkeiten, die heute wieder in aller Munde sind: Nose-to-Tail, Karies, Laktoseintoleranz, saisonale und regionale Küche, Haltbarmachen, Wildpflanzen und vieles mehr. Leider sind aus dem Alpenvorland kaum Gräber erhalten. Untersuchungen an Skeletten prähistorischer Menschen aus anderen Regionen geben aber viele interessante zusätzliche Informationen zum Gesundheitszustand und zur Ernährung zur Zeit der Pfahlbauten.

## Pfahlbauküche im 21. Jahrhundert

In diesem Buch geht es auf Entdeckungsreise durch die Pfahlbauküche. Es werden nur Zutaten verwendet, von denen wir wissen, dass sie den Pfahlbauerinnen zur Verfügung standen. Eine besondere Herausforderung ist die Saisonalität der Produkte. Vor der Ankunft der Römer und der Erfindung von Tiefkühltruhe und Konservendose gab es Nahrungsmittel wie Eier, Milch oder Beeren nur wenige Wochen bis Monate im Jahr. Daher folgt dieses Buch dem Jahresverlauf und der Verfügbarkeit frischer Lebensmittel gemäß dem phänologischen Jahreskalender. Was sich archäologisch nicht rekonstruieren lässt, haben wir mit unserer eigenen Erfahrung in der Küche wettgemacht.

Alle Rezepte sind selbst erfunden, gekocht, fotografiert und selbstverständlich gegessen. Dabei kamen unsere modernen Küchenutensilien zum Einsatz. Mengenangaben und Garzeiten gab

## Einleitung

es damals nicht, und deshalb sind sie auch in diesem Buch nicht zu finden. Wir setzen grundlegende Kochkenntnisse voraus und verweisen ansonsten auf entsprechende Grundrezepte für Teige, Kochzeiten oder Backtemperaturen im Internet.

Dieses Buch soll zum Nachkochen und Ausprobieren ermutigen und zu neuen Geschmackserlebnissen führen. Was kann man anstelle von Pfeffer oder Zitrone verwenden, die es damals noch nicht gab? Nach was schmeckt Fleisch, wenn man es ohne angebratene Zwiebeln zubereitet? Was kommt auf die Pizza, bevor Kolumbus Amerika entdeckt und die Tomate von der Neuen Welt in die Alte gebracht hat? Welche essbare Wildpflanze kann ich beim Sonntagsspaziergang im Wald pflücken? Und wenn dieses Buch darüber hinaus auch noch dazu anregt, über unsere tägliche Ernährung, unseren Umgang mit Tieren und Pflanzen, den Einfluss der Jahreszeiten auf das Nahrungsangebot und viele Tausende Jahre alte Traditionen auf unseren Tellern nachzudenken, haben wir unser Ziel voll und ganz erreicht.

*Rezepte entwickeln, kochen, stylen und fotografieren*

Spätwinter

# Der Warenkorb der Pfahlbauer

*Aus der Pfahlbauzeit sind keine Kochbücher überliefert. Was man damals gegessen hat, muss die Prähistorische Archäologie aus den Resten in den Kulturschichten rekonstruieren. Wer weiß, wonach er suchen muss, kann daraus Informationen zu den Lebensmitteln und Zubereitungsmethoden, aber auch zu Lebensmittelschädlingen und vielem mehr herauslesen. Zudem geben modernste Untersuchungsmethoden an menschlichen Zähnen und Knochen Aufschlüsse über individuelle Ernährungsgewohnheiten, die Mundflora und sogar Lebensmittelunverträglichkeiten.*

*Winterstimmung am See*

## Feld und Wald im Kochtopf

Die Pfahlbauer lebten am oder im Wasser. Was in einem Moor oder in der Flachwasserzone eines Voralpensees üblicherweise an Pflanzen wächst und gedeiht, ist aus der Botanik gut bekannt. Diese Pflanzenreste findet man auch in den Pfahlbausiedlungen. Aber alle standortfremden Pflanzenarten aus den Kulturschichten müssen die Menschen früher zu irgendeinem Zweck in die Dörfer gebracht haben. Sehr viele davon sind essbar oder enthalten zumindest essbare Teile, wie zum Beispiel der Rainkohl *(Lapsana communis)* oder die Wassernuss *(Trapa natans)*. Welche davon den Menschen als

Nahrung dienten und wie man sie zubereitet hat, können Forscherinnen mit Hilfe verschiedenster Methoden und Fachdisziplinen herausfinden.

In Fundstellen mit guten Erhaltungsbedingungen identifizieren Archäobotanikerinnen, das heißt Spezialisten für archäologische Pflanzenreste, oft mehrere Hundert verschiedene Pflanzenarten. Sie machen dies anhand von verkohlten oder unverkohlten harten Bestandteilen wie Spelzen, Samen, Fruchtkernen oder Nuss-Schalen. Seltener erhalten sind weiche Pflanzenteile wie Blätter, Stängel und Wurzeln. Hier hilft die Palynologie (Analyse von Pollen) weiter. Die winzigen, vom Wind verwehten Pollenkörner können botanisch bestimmt und daraus der Bestand an Wild- und Nutzpflanzen auf den Feldern und im Wald rekonstruiert werden. Einzig die Pilze und Flechten entziehen sich unseren Kenntnissen, da sie auch mit modernsten Methoden kaum zu fassen sind.

Vom potentiellen pflanzlichen Nahrungsmittel bis zum fertigen Gericht ist es ein weiter Weg. Die Arbeitsschritte dorthin haben ebenfalls analysierbare Spuren hinterlassen, zum Beispiel in Form von Dreschresten oder Siebabfällen von der Getreideaufbereitung. Oder man findet einen sogenannten Presskuchen, der zurückbleibt, wenn man aus Leinsamen Öl presst.

*Verkohlte Getreideähre aus Hornstaad-Hörnle (D)*

## Abgenagt bis auf die Knochen

Vom Rinderbraten, der Wildschweinhaxe und dem Lammrücken bleiben nur die Knochen übrig. Diese sind aber oft so gut erhalten, dass sie viel über den Fleischkonsum der Pfahlbauer erzählen. Archäozoologen analysieren die Tierknochen und bestimmen die Tierarten, das Geschlecht und Schlachtalter, die vorhandenen Skelettteile, krankhafte Veränderungen von Knochen sowie Schnitt- und Schlagspuren. Daraus lässt sich herauslesen, wie man die Tiere zerlegt, tranchiert und zubereitet hat, welches Fleisch die Pfahlbauer am liebsten gegessen haben, wann und wie die Tiere geschlachtet wurden, dass Kühe auch als Zugtiere und zur Milchproduktion genutzt wurden oder dass die Jägerinnen aus den Pfahlbaudörfern zeitweise die Hirschpopulationen um die Voralpenseen dezimiert haben.

## Spätwinter

*Jungsteinzeitliche Schlachtabfälle von Hüttwilen (CH)*

### Von Sherlock Holmes bis zum Genlabor

Neben den klassischen Untersuchungen zur Ernährung wie die Archäobotanik und Archäozoologie, die in den Pfahlbauten schon seit mehr als 150 Jahren betrieben werden, haben sich in den letzten Jahren zahlreiche moderne Analysemethoden etabliert. Elementanalysen weisen etwa Fettsäuren von der Milchverarbeitung auch in Topfscherben nach, die keine sichtbaren Speisekrusten haben; genetische Analysen von Kotresten entschlüsseln Nahrungsaufnahme und Gesundheitszustand von Mensch und Tier; Isotopenanalysen an Zahnschmelz und Knochen geben Auskunft darüber, ob ein Mensch mehr tierische oder pflanzliche Nahrung zu sich genommen hat, und ob es sich dabei eher um Getreide oder Hirse handelte. Und sogar Gräser und stärkereiche Pflanzenteile wie Wurzeln oder Knollen, die keine für das Auge sichtbaren Reste in den Kulturschichten hinterlassen haben, sind heute durch Analysen von Stärkekörnern oder Phytolithen nachweisbar (wörtlich »Pflanzen-Steine«, das sind Kieselkörper in Zellen von grasartigen Pflanzen).

### Feueralarm beim Abendessen

Pfahlbauten fielen häufig Dorfbränden zum Opfer. Was für die damaligen Menschen eine Katastrophe war, ist für die Forschung ein Glücksfall: In den abgebrannten und verlassenen Hausruinen finden sich manchmal verkohlte Vorräte, darunter nicht nur Hunderte von

Spätwinter

*Spurensuche: Archäobiologin bei der Arbeit*

Kilogramm Getreide, sondern auch Samen und Früchte von eingelagerten Wildpflanzen. Gelegentlich musste eine Siedlung fluchtartig verlassen werden, und die gesamte Einrichtung blieb als Momentaufnahme erhalten, bis hin zum Kochtopf mit Eichelmus oder verkohlten Gebäck-, Brei- und Bierresten.

Rückstände von eigentlichen Gerichten, aus denen sich ein Rezept rekonstruieren lässt, haben sich entweder als Krusten in Kochtöpfen, in Exkrementen oder im Mageninhalt von Ötzi, der Gletschermumie aus den Südtiroler Alpen, erhalten. Experimente zeigen, dass bereits bei einem einzigen Kochvorgang in einem Tontopf auf dem Feuer dicke Verkrustungen entstehen können. Fest steht – aus eigener Erfahrung –, dass die nächste Mahlzeit aus einem solchen Topf penetrant verbrannt schmeckt. Daher dürften diese Krusten zumeist die Zusammensetzung eines einzigen Gerichtes widerspiegeln. Forscherinnen konnten auf diese Weise bislang Breie oder Eintöpfe auf

*Bei der Frischkäsezubereitung eingebrannte Milch*

# Spätwinter

Getreidebasis mit verschiedenen Zutaten nachweisen. In der Fundstelle Arbon-Bleiche 3 (CH) im Kanton Thurgau zum Beispiel brodelten Äpfel, Getreide, Leinsamen und Blasenkirsche im einen, Fisch und Gemüse in einem anderen Topf.

Eher selten sind Funde von Fäkalien, sogenannten Koprolithen. Zunächst muss mit Hilfe von genetischen Analysen bestimmt werden, von wem der Kot stammt; denn Mensch, Hund oder Schwein hinterlassen sehr ähnlich aussehende Häufchen. Neben verdauten Pflanzenresten, Knochensplittern oder Fischschuppen enthalten die Koprolithen Unappetitliches: Ausgeschieden haben die Pfahlbauer auch Reste von Fischbandwürmern, Peitschenwürmern oder Leberegeln. Diese weisen indirekt darauf hin, dass man Fisch und Fleisch roh oder ungenügend gegart verzehrt hat und dass es mit der Hygiene nicht zum Besten stand.

*Menschlicher Kot aus Arbon-Bleiche 3 (CH)*

## Ein Blick in den Geschirrschrank

Kaputtes Geschirr ist für Archäologen das tägliche Brot. Anhand von Tonscherben definieren wir ganze Kulturgruppen und Zeitabschnitte. Doch in solchen Kategorien dachten die Menschen damals nicht. Sie brauchten das Geschirr, um zu kochen, Vorräte aufzubewahren, Wasser zu holen oder zum Servieren von Speisen. Die Tongefäße unterscheiden sich anhand ihrer Form, Größe und Machart, die auf den jeweiligen Verwendungszweck abgestimmt sind. Kochtöpfe sind dickwandiger, feines Serviergeschirr ist oft verziert. Während in der Jungsteinzeit verhältnismäßig wenig Ton-Geschirr in Gebrauch war, kann ein bronzezeitliches Haus schon einmal deutlich über hundert Gefäße enthalten. Dazu kommt ein oft sehr schönes und breites Spektrum von Holzgefäßen – vom Schöpflöffel über die Henkeltasse bis zur Servierplatte. Auch Körbchen (Spiralwulstgeflechte) mit anhaftenden Breiresten sind bekannt. Zudem finden sich in den Pfahlbauten zahlreiche weitere Utensilien, die mit der Nahrungszubereitung zu tun haben, wie Rührlöffel, Siebe, Mörser und Handmühlen.

*5.700 Jahre altes Geschirr von Gachnang-Niederwil (CH)*

## Pflanze des Monats
### Frische, süße Schlehenbeeren im tiefsten Winter

Die Schlehe *(Prunus spinosa)* gehörte zu den Wildobstsorten, die regelmäßig gesammelt wurden. Man kann sie bis tief im Winter direkt von den Sträuchern ernten, und sie werden sogar mit jedem Frost besser. Zur Reifezeit im Herbst sind die traubengroßen blauen Früchte sehr herb und sauer. Erst nach den ersten Frösten entwickeln die Schlehen ihren herb-süßen Geschmack. Dann kann man sie entweder als Vitaminbooster direkt vom Strauch essen oder getrocknet zu honiggesüßtem Hirsebrei genießen. Die Kerne sollte man nicht verschlucken, sondern ausspucken, wenn man wie die Pfahlbauer aus den Fruchtsteinen Perlen herstellen möchte. Von der Pfahlbaufundstelle Arbon-Bleiche 3 (CH) stammen sogar Hinweise, dass sich einzelne Hausgemeinschaften auf die Perlenproduktion spezialisiert hatten. Der leicht ovale Kern wurde dazu von beiden Seiten bis auf den hohlen Innenraum abgeschliffen, und schon konnte man ihn auffädeln.

Wo Archäologinnen viele Schlehenkerne finden (ob gelocht oder nicht), kann auf stabile Waldränder geschlossen werden. Der Schwarzdorn gedeiht in aufgelichteten Wäldern und heckenähnlichen Gebüschen. Er braucht 10 Jahre von der Keimung bis zur ersten Fruchtproduktion. Archäobotaniker gehen sogar davon aus, dass Schlehen gezielt gehegt oder gepflanzt wurden; denn neben den nützlichen Früchten tragen sie auch Dornen, die Tiere davon abhalten, sich auf den Äckern satt zu fressen.

Spätwinter

# Fleischeintopf mit wilden Wurzeln

**Zutaten**
Pferde- und Lammfleisch (Hals, Brust oder Schulterfilet)
Wilde Möhre (Wurzel)
Wilde Pastinake (Wurzel)
Butterschmalz
Wacholder
Thymian
Salz

Wilde Möhren und Pastinaken schmecken im Spätwinter bis Frühling geerntet am besten, später verholzen sie. Im Vergleich zu ihren zahmen Verwandten trumpfen sie mit intensivem Aroma auf, sind aber mit ihren verzweigten Wurzeln widerspenstiger in der Zubereitung.

**Zubereitung**
Fleisch in große Würfel zerteilen || Wurzelgemüse gut mit einer Bürste waschen, nicht schälen, und in grobe Scheiben schneiden || Gemüse in Butterschmalz andünsten, dann die Fleischwürfel zugeben und mitdünsten || Mit Wasser ablöschen, Wacholderbeeren, Salz und Thymian zufügen || Auf kleiner Flamme schmoren, bis das Fleisch zart ist.

**Tipp:** Bei der Wilden Möhre besteht Verwechslungsgefahr mit giftigen Doldenblütengewächsen wie Hundspetersilie. Ein sicherer Hinweis ist der Duft nach Karotte, den das Möhrenkraut verströmt, wenn es zwischen den Fingern verrieben wird.

Spätwinter

# Nüsslisalat mit Leindottersaat

**Zutaten**
Nüsslisalat (Feldsalat)
Leindotteröl
Apfelessig
Leindottersamen
Salz

*Selbst in tiefstem Winter trotzt der Nüsslisalat (gewöhnlicher Feldsalat) Kälte und Schnee. Die knackig grünen Blätter sind eine willkommene Abwechslung zum ewig gleichen Eintopf. Kaltgepresstes Leindotteröl mit seiner erbsigen Note und geröstete goldgelbe Leindottersamen verleihen dem Salat eine überraschende Geschmacksnote.*

**Zubereitung**
Nüsslisalat waschen, abtropfen lassen und Wurzelenden abschneiden || Salatsoße aus Leindotteröl, Apfelessig und Salz anrühren || Leindottersamen rösten, bis sie duften || Salat anrichten, mit der Soße übergießen und die Leindottersamen darüberstreuen.

Spätwinter

# Getreide-Haselnuss-Kaffee

**Zutaten**
Grünkern (ganz)
Haselnüsse (gehackt)
Nach Geschmack Milch oder Sahne

Seit im 16. Jahrhundert der Kaffee bei uns eingeführt wurde, ist er nicht mehr wegzudenken. Wer sich die teuren Bohnen nicht leisten konnte, stellte sich aus gerösteten Eicheln, Zichorien oder Gerste ein ähnlich schmeckendes Getränk her. Dieses Heißgetränk aus geröstetem Getreide und Haselnüssen macht zwar nicht wach, ist aber »pfahlbaukonform«, wenn man Milch und Sahne nur im Frühling und Sommer verwendet.

**Zubereitung**
Grünkern unter ständigem Rühren in der Pfanne rösten, bis die Körner ordentlich braun sind und würzig riechen || Abkühlen lassen, dann fein mahlen || Gehackte Haselnüsse ebenfalls in der Pfanne anrösten und nach dem Abkühlen mahlen || Beides in beliebi-

**Tipp:** Immer frisch mahlen und ansetzen. Durch das Lagern des Pulvers verschwindet das Aroma schnell. Rösten hingegen geht auch auf Vorrat.

Spätwinter

gem Verhältnis mischen und wie türkischen Mokka aufkochen, zum Beispiel 3 TL Getreidepulver mit 1 TL Haselnüssen für eine große Tasse. Einige Minuten kochen lassen und dabei gelegentlich umrühren. Je länger man es köcheln lässt, desto stärker wird der »Kaffee« || Getränk kurz stehen lassen und dann vorsichtig abgießen || Je nach Geschmack Milch, Haselnussmilch oder Sahne zufügen.

# Spätwinter

## Schlehen-Sorbet

**Zutaten**
Schlehen
Thymian
Honig
Schnee oder Eis

Ohne Gefrierfach gab es bei den Pfahlbauern nur in der eisigen Jahreszeit Eis, und zwar nur Sorbet, denn im Winter gaben die Kühe keine Milch. Dafür konnte man die Schlehen frisch vom Strauch pflücken. Sie schmecken einfach besser, wenn sie Frost abbekommen haben.

**Zubereitung**
Schlehen waschen und mit einem Thymianzweig aufkochen || Thymian entfernen und das Schlehenmus durch ein Sieb streichen || Mit Honig süßen und abkühlen lassen || Schnee oder zerkleinertes Eis untermischen.

Spätwinter

Vorfrühling

# Das tägliche Brot

*Zu Jahresbeginn gibt die Natur wenig Essbares her, und man muss auf Vorräte zurückgreifen. Zum Glück sind die pfahlbauzeitlichen Grundnahrungsmittel (Getreide, Hülsenfrüchte, Mohn und Lein) alle gut lagerfähig und kalorienreich. Bei kluger Vorratshaltung und Essensplanung war also das ganze Jahr für das tägliche Brot, einen sättigenden Brei oder den nährenden Eintopf gesorgt. Aber auch lagerfähige Wildpflanzen und Nüsse wurden für den Winter bevorratet. Vom eingelagerten Korn bis zum knusprig frischen Brötchen war es ein weiter Weg. Zum Glück gibt es viele Hinweise auf die Verarbeitung des Getreides: Mörser, Handmühlen, Backteller (flache Keramikplatten), Topfkrusten mit ganzen oder geschroteten Körnern und sogar verkohlte Brötchen.*

*In der Jungsteinzeit bekannte Getreidearten: Gerste, Weizen, Emmer und Einkorn*

## Getreide mahlen statt Hanteltraining

Die zahlreichen Funde von Mahlsteinen belegen, dass nicht nur Gerichte aus ganzen Körnern gegessen wurden, sondern auch Brot oder Breie aus geschroteten und gemahlenen Getreidekörnern hergestellt wurden. Die Herstellung von feinem Mehl gehört zu den aufwändigsten Prozessen der Getreideverarbeitung. Rund zwei Stunden dauert es, um ein Kilogramm Körner auf der Handmühle zu Mehl zu verarbeiten. Dieser Kraftakt hinterließ wortwörtlich Spuren an den Pfahlbauerinnen. In diesem Fall betrifft es wirklich nur die Frauen; denn es waren hauptsächlich sie, die diese Arbeit erledigt haben. An weiblichen Skeletten aus der Jungsteinzeit gibt es zwei Auffälligkeiten, die auf stundenlanges Getreidemahlen zurückzuführen sind: Hockerfacetten und kräftige Oberarme. Hockerfacetten sind Knochenverdickungen im Sprunggelenk. Sie entstehen durch sehr häufiges Kauern auf den Knien oder den Fersen, wie dies eben beim Getreidemahlen am Boden der Fall ist. Forscher der Universitäten Cambridge, London und Wien haben Knochen jungsteinzeitlicher Frauen vermessen. Dabei fanden sie heraus, dass die jungsteinzeitlichen Frauen um 11 bis 16 % stärkere Oberarmknochen hatten als heutige Athletinnen des Cambridge-Ruderteams. Der Umfang und die Robustheit der Knochen nehmen durch körperliche Belastungen zu. Neben dem Rudern mit dem Einbaum, dem Herumschleppen von Kindern und dem Hochheben schwerer Kochtöpfe dürften die Frauen der Jungsteinzeit ihre Arme vor allem durch das regelmäßige Getreidemahlen trainiert haben. Mehlmahlen war in der Pfahlbauküche recht sicher Frauensache. Fitnessstudio und Hanteltraining brauchten sie nicht.

*Die Pfahlbauerinnen haben das Getreide zwischen zwei Steinen zerrieben*

Vorfrühling

## Auf Granit gebissen

Wollte man mit feinem Mehl backen, musste man das Mehl nach dem Mahlen aussieben. Zurück blieben Grieß (kantige Stückchen von Körnern) und Kleie (Rückstände von Schale, Randschicht und Keimling des Getreides). Beides kann man als Suppeneinlage essen beziehungsweise zu Vollkornbrot verbacken. Auf einem Mahlstein lassen sich durch einfaches Quetschen auch Flocken herstellen, und in den Mörsern, die in den Pfahlbausiedlungen gefunden werden, kann man Grieß oder Bulgur (geschrotetes Getreide) herstellen. Kleie-Rückstände in Fäkalien belegen ebenfalls, dass man Getreide nicht nur in Form von feinen Mehlprodukten verzehrt hat.

Am Mondsee in Österreich wurde vor 150 Jahren bei Ausgrabungen ein Teigklumpen gefunden und im dortigen Pfahlbaumuseum als »Urknödel« ausgestellt. Moderne Untersuchungen mit einem Computertomographen zeigen ein Brötchen zum Reinbeißen: eine lockere, porige Teigstruktur, wie sie für Brot typisch ist, das mit einem Triebmittel gebacken wurde, und dazwischen: Steinkörnchen! Es ist Abrieb der Mahlsteine, auf denen die Pfahlbauerinnen das Getreide gemahlen haben. Die Steinchen sind einer der Gründe, weshalb die Zähne der Pfahlbauer häufig sehr stark abgerieben waren. Über 40-Jährige kauten oftmals auf dem Dentin, der inneren Zahnsubstanz, weil der Zahnschmelz bereits komplett abgenutzt war. Gleichzeitig führte der rasche Abrieb der Zähne dazu, dass die Menschen der Jungsteinzeit weniger Karies hatten als wir heute – bevor sich die Bakterien auf der Zahnoberfläche festsetzen konnten, war diese oft schon wieder abgeschmirgelt.

## Backen ohne Hefe

Hefewürfel kannten die Pfahlbauer nicht. Mit welchen Triebmitteln konnten sie lockere Brötchen backen? Am einfachsten herzustellen ist Sauerteig: Mehl mit Wasser mischen, warten, bis es schäumt und zunächst eher übel, später allmählich angenehm säuerlich riecht. Dies ist der Verdienst von natürlich vorkommenden Milchsäurebakterien und wilden Hefepilzen. Die Milchsäurebakterien dominieren über die Hefen und halten andere Bakterien in Schach, was in hygienisch schwierigen Zeiten sicher ein großer Pluspunkt für den Sauerteig war. Roggen, mit dem heute die meisten Sauerteig-Brote gebacken werden, gab es zur Zeit der Pfahlbauten noch nicht. Die Methode funktioniert aber auch mit Mehl aus anderen Getreidesorten.

Als Backtriebmittel eignen sich auch Pottasche und Hirschhornsalz, beides ist bis heute im Supermarkt erhältlich, wenn auch synthetisch hergestellt. Damit können eher flachere Gebäcke auf- beziehungsweise in die Breite getrieben werden. Hirschgeweih, das Ausgangsprodukt für »Hirschhornsalz«, ist in den Pfahlbauten reichlich vorhanden und wurde als Rohmaterial für allerlei Geräte verwendet. Ob man es auch zum Backen eingesetzt hat, können wir nicht mit Sicherheit sagen. Aber mit welcher Methode auch immer, irgendwie haben sie es jedenfalls geschafft, keine schweren, sondern luftig leichte Brötchen zu backen.

*Mit Sauerteig gebackene Vollkornbrötchen*

## Pfahlbau-Würzbrötchen

Bei Ausgrabungen in der Fundstelle Parkhaus Opéra in Zürich (CH) haben Ausgräber zwei Fladenbrote gefunden. Sie sind nicht vollständig erhalten, aber aus den Bruchstücken kann ein Durchmesser von sechs Zentimetern beziehungsweise zehn Zentimetern erschlossen werden. Beide Fladen sind gelocht und konnten zur

Vorfrühling

*Einfach aufzuhängen: gelochte Gersten-Fladenbrote*

Aufbewahrung an einer Schnur oder Stange aufgehängt werden. Speziell an den beiden Brötchen ist neben der Form vor allem, dass mit ihnen der älteste Nachweis von Brotgewürz gelang: Der Blick durch das Mikroskop offenbarte, dass das steinzeitliche Opéra-Brot mit Selleriesamen gewürzt war, während wir heute typischerweise Kümmel oder Fenchel verwenden.

Auch weitere Zutaten können als Zutat, Gewürz oder Mehl-Ersatz den Weg in den Brotteig oder aufs Brötchen gefunden haben: Haselnüsse, Bucheckern, Samen von Weißem Gänsefuß *(Chenopodium album)*, Rübsen *(Brassica rapa)*, Rainkohl *(Lapsana communis)*, Hirtentäschel *(Capsella bursa-pastoris)*, Lein *(Linum usitatissimum)* oder Leindotter *(Camelina* spec.*)*, gedarrte Wildäpfel, Mohn oder Honig.

*Blühende Selleriepflanze*

## Pflanze des Monats
### Einkorn: Das Ur-Getreide kommt zurück

Einkorn *(Triticum monococcum)* gehört wie Emmer, Gerste und Weizen zu den ältesten domestizierten Getreidearten. Es stammt vom wilden Weizen *(Triticum boeoticum* Boiss.) ab und wurde durch Auslese und Anbau vor etwa 10.000 Jahren im Vorderen Orient und asiatischen Raum zu einer Kulturpflanze. Einkorn heißt so, weil an seinen Ähren aus jeder Spindel nur ein einzelnes Korn wächst.

Vor über 7.000 Jahren fand Einkorn den Weg nach Europa und war hier lange Zeit ein Grundnahrungsmittel. Da es deutlich weniger ertragreich ist als zum Beispiel Weizen, bauten die Menschen es aber immer seltener an, bis es fast vollständig in Vergessenheit geriet. Erst in den letzten Jahren feierte es ein Comeback. Einkorn ist nämlich für den ökologischen Anbau geeignet, da es relativ anspruchslos ist, auch auf mageren Böden ohne künstlichen Dünger wächst und sich resistent gegenüber vielen Krankheiten und Schädlingen zeigt. Auch geschmacklich überzeugt Einkorn durch ein leicht nussiges Aroma. Als Brei oder im Brot – wegen der schlechten Klebeeigenschaften mit anderen Mehlsorten vermischt – hält es dank der vielen Ballaststoffe lange satt.

Vorfrühling

## Topfbrot mit Erbsenhummus

**Zutaten**

*Topfbrot*
Sauerteig (Anstellgut oder Sauerteigextrakt bzw. -pulver)
Vollkornmehl (z. B. aus Einkorn, Emmer, Gerste oder Weizen)
Salz

*Erbsenhummus*
Gelberbsen
Gemahlene Haselnüsse
Haselnussmus
Haselnussöl
Getrockneter Bärlauch
Getrockneter Sanddorn
Salz

Ein mit einem Deckel oder einer Schüssel abgedeckter Topf dient bei diesem Rezept als Mini-Backofen, in dem Teig rasch bäckt, eine krosse Kruste bildet und innen feucht bleibt. Damit man das Brot nach dem Backen aus der Form stürzen kann, sollte die Öffnung nicht kleiner als der größte Topfdurchmesser sein. Superlecker schmeckt das Brot mit dem säuerlichen Hummus aus Gelberbsen.

**Zubereitung** ①

**Topfbrot:** Anstellgut mit Mehl und Wasser vermischen und an einem warmen Ort einen halben Tag reifen lassen || Weiteres Mehl, Salz und Wasser beifügen und alles gut verkneten || Den Teig aufgehen lassen und zwischendurch falten. Topf einfetten (oder den Teig mit Mehl bestäuben) und mit Deckel im Ofen vorheizen ||

## Vorfrühling

Teig hineinstürzen, Deckel aufsetzen und im Ofen backen ‖ Gegen Ende der Backzeit den Deckel entfernen und nochmals backen, bis das Brot eine braune Kruste bekommt.

**Erbsenhummus:** Gelberbsen weich kochen ‖ Alle Zutaten mischen und pürieren.

## Vorfrühling

## Pastinaken-Rösti

**Zutaten**

Pastinaken
Sahne oder Bier
Getreideflocken
Schmalz oder Butter
Kräuter (z. B. Dost oder Quendel)
Salz

Die Pfahlbauer waren noch mehrere Tausend Jahre vom ersten Kartoffelgericht in Europa entfernt. Dieses Rezept verbindet aber damals vorhandene Gemüse und Getreide zu einer sättigenden, in der Pfanne gebackenen Beilage, die zumindest optisch Ähnlichkeit mit Rösti hat.

**Zubereitung**

Die Pastinaken sehr weich kochen || Wasser abgießen, Pastinaken mit Sahne oder Bier zu einem dickflüssigen Brei zerdrücken und salzen || Die Getreideflocken in der Pfanne mit Schmalz anrösten, bis sie die gewünschte Konsistenz und Bräunung erreicht haben || Die Flocken mit dem Pastinaken-Sahne-Brei mischen, ggf. noch etwas Sahne nachgießen || In der Pfanne nochmals Schmalz erhitzen, die Masse gleichmäßig in der Pfanne verteilen, so dass ein Fladen entsteht,

**Tipp:** Milch und Sahne gab es in vorgeschichtlicher Zeit nur im Frühling und im Sommer. Statt oder zusätzlich zur Sahne kann man auch Bier verwenden, der Geschmack ist dann ganz anders.

bei mittlerer Hitze bräunen, vorsichtig wenden und von der anderen Seite fertig backen || Mit gehackten Kräutern bestreuen, z. B. Dost oder Quendel.

## Einkorn-Eintopf

**Zutaten**
Einkorn-Körner
Frische Wildkräuter
(z. B. Sauerampfer,
Sellerieblätter,
Wiesenknopf)
Salz

Gar nicht einfältig ist der Geschmack dieses Einkorn-Eintopfes. Er besteht lediglich aus den Ur-Getreidekörnern Einkorn und einigen frischen Wildpflanzen, die dem Gericht einen überraschend intensiven Geschmack verleihen.

**Zubereitung**

Die ein paar Stunden lang eingeweichten Getreidekörner in einem großen Topf mit Wasser weich kochen || Kleingeschnittene Wildkräuter beifügen und nochmals kurz aufkochen || Mit etwas Salz abschmecken.

**Tipp:** In der Outdoorpfanne oder einem gusseisernen Topf über dem offenen Feuer gekocht, erhält der Eintopf ein unvergleichliches Raucharoma, wie es in der modernen Küche kaum zu imitieren ist.

Vorfrühling

# Pfahlbau-Nutella

**Zutaten**
Haselnüsse (gehackt oder gehobelt)
Honig
Milch, Sahne oder Quark
Haselnussöl

*Kein Kakao? Kein Problem! Auch aus einheimischen Lebensmitteln lassen sich Brotaufstriche mit Suchtfaktor herstellen. Der Geschmack ist sensationell, und den Zucker vermisst man überhaupt nicht!*

**Zubereitung**
Gehackte oder gehobelte Haselnüsse in der Pfanne rösten, bis sie braun sind ‖ Die gerösteten Haselnüsse mit Honig und Flüssigkeit (Milch, Sahne oder notfalls Öl, falls keine Milchprodukte zu haben sind) zu einer streichfähigen Masse pürieren.

**Tipp:**
Für die Crunchy-Version nochmals gehackte und geröstete Haselnüsse zugeben.

Erstfrühling

# Die erste Ernährungsrevolution

*Den größten Teil seiner Geschichte jagte und sammelte der Mensch seine Nahrung. Dann kam die »neolithische Revolution« und damit die Lebensweise als Bauer und Viehzüchter. Diese Revolution ging vom Vorderen Orient aus. Dort gelang es den Menschen, Wildpflanzen und -tiere zu ihren Zwecken zu züchten. Nach einigen Tausend Jahren Entwicklung war die bäuerliche Lebensweise so erfolgreich, dass sie sich rasch nach Nordafrika und Eurasien ausbreitete. In unseren Regionen kamen Saatgut und auch die ersten Haustiere um 5500 v. Chr. an, also gut 1.000 Jahre vor den ältesten Pfahlbauten. Das Starter-Kit war überschaubar: Emmer, Einkorn, Weizen, Gerste, Lein, Mohn, Erbse, Rind, Schwein, Schaf und Ziege. Für die Grundversorgung der nun sesshaften Bevölkerung war damit gesorgt. Vitamine, Geschmack und Abwechslung wurden wie bisher durch Fischen, Sammeln und Jagen hinzugefügt.*

Wintervorrat mit frisch gefangenem Fisch

## Zu Risiken und Nebenwirkungen

Die Kulturpflanzen garantierten regelmäßige Ernten, ermöglichten es, größere Vorräte für den Winter anzulegen, und sicherten damit die Ernährung. Dies führte seit der Einführung des Ackerbaus zu einem stetigen Bevölkerungswachstum. Doch dieser Fortschritt hatte zwei Seiten: Die Bauern und Bäuerinnen waren ortsgebunden, eine gute Ernte war stark vom Wetter abhängig. Ihr Speiseplan war eintöniger als jener der Sammler. Die Auswirkungen davon sieht man an den Skeletten: Die ersten sesshaften Menschen waren kleiner, graziler als die Wildbeuterinnen. Zudem gibt es viele Anzeichen von Mangel- oder Fehlernährung, vor allem bei Kindern.

Wenn die Ernte einer der Kulturpflanzen ausfiel oder die Vorräte in einem Schadfeuer verbrannten, brach plötzlich ein wesentlicher Teil der Nahrungsgrundlage weg. Deshalb hat man schon früh verschiedene Strategien entwickelt, dieses Risiko zu mindern. Dazu gehörte die Ernte von unreifem Getreide, das durch Trocknen und Darren lagerfähig gemacht wurde, wie zum Beispiel der noch heute verwendete Grünkern (unreifer Dinkel). Ein weiterer Vorteil des gedarrten Grünkerns ist, dass man ihn ohne Kochen direkt verzehren kann. Ob die Pfahlbauer den Dinkel zum Teil unreif geerntet haben, hat man bis jetzt nicht untersucht. Aber aus der darauffolgenden Eisenzeit gibt es Nachweise von Grünkern beziehungsweise von Dinkel in verschiedenen Reifestadien. Eine weitere Strategie zur Risikominderung war die unterschiedliche Aussaat- und Erntezeit der einzelnen Kulturpflanzen. Die Getreide des Starter-Kits hat man nach Ausweis der mitgefundenen Unkräuter vor allem als Winterfrüchte angebaut, während Lein, Mohn und Erbsen erst im Frühjahr in den Boden kamen.

*Unreifer Dinkel*

## Blinde Passagiere

Mit den ersten Kulturpflanzen schleppten die Bauern und Bäuerinnen auch unbeabsichtigt die entsprechenden Unkräuter und Schädlinge mit ein. Kornkäfer *(Sitophilus granarius)* sind in Siedlungen der ältesten Bauern Mitteleuropas mehrfach nachgewiesen, fehlen aber in den Pfahlbauten. Vermutlich behagte ihnen das Leben dort nicht: Es war zu feucht, zu kühl und zu verraucht. Die Pfahlbauerinnen lagerten ihre Vorräte nicht wie in den Epochen davor und danach in Erdgruben, sondern auf den Dachböden der Häuser, wie verkohlte Vorräte von mehreren Hundert Kilo Getreide zeigen, die in Hausruinen gefunden wurden. Kamine kannte man damals noch nicht. Der Rauch der offenen Kochfeuer zog durch die Ritzen und Spalten des Dachs ab und verleidete damit wohl so manchem Ungeziefer das Fressen. Dies mag einer der Gründe für das Leben am Wasser gewesen sein. Interessanterweise gab es in der Jungsteinzeit und der Bronzezeit auch noch keine Hausmäuse *(Mus musculus)*; sie besiedelten Mitteleuropa erst in der Eisenzeit.

Dafür sind Erbsenkäfer *(Bruchus pisorum)* in den Pfahlbauten nachgewiesen, deren Larven genau wie beim Kornkäfer die Früchte von innen her auffressen, so dass der Befall lange unentdeckt bleibt. Vom Erbsenkäfer befallene Vorräte sind nicht mehr essbar und auch nicht mehr keimfähig, so dass auch die nächste Aussaat und Ernte

*Angefressene Erbsen*

in Frage gestellt sind. Bis heute wohlbekannt und gefürchtet sind die Lebensmittelmotten. Sie befallen Mehl, Nüsse, getrocknetes Obst und Gemüse. Kokons von Motten fanden Archäobotanikerinnen in der oberschwäbischen Feuchtbodensiedlung Reute-Schorrenried (D). Allgemein scheint es so, als würden sich mit zunehmender Besiedlungsdichte auch die Schädlinge ausbreiten. Dazu beigetragen hat sicher auch das dichte Zusammenleben mit den Haustieren. Die Forschungen zu Schädlingsbefall und wie man damals damit umging, stecken aber noch in den Kinderschuhen.

## Wenn alle Stricke reißen

Bei Ernteausfällen griffen die Pfahlbauer aufs Sammeln, Jagen und Fischen zurück, und nicht nur dann. Wildpflanzen sind die perfekte Ergänzung zu den Kulturpflanzen. Vitamine, Ballaststoffe, Geschmack, Gewürz, Heilpflanzen, Viehfutter, Baumaterial, Kleidung und vieles mehr gewannen sie aus den Pflanzen und Tieren, die wild in der Umgebung der Pfahlbauten vorkamen. Ihr Umweltwissen war umfassend und reichte von den Voralpenseen bis in die Alpen. Wildpflanzen und -tiere waren nicht nur eine gelegentliche Ergänzung auf dem Teller, sondern fester und notwendiger Bestandteil der Ernährung. Dies zeigt die Vielzahl an nachgewiesenen Tier- und Pflanzenarten aus Pfahlbauten, die wir für PalaFitFood extra mit Hilfe unserer Experten neu zusammengetragen haben. Insgesamt sind über 100 Tierarten und über 350 Pflanzenarten nachgewiesen. Fast alle enthalten irgendwelche essbaren Teile.

Manche Wildpflanzen wurden gezielt in großen Mengen gesammelt und bevorratet. Dazu gehörten die Haselnüsse, aber auch Samen von Weißem Gänsefuß *(Chenopodium album)*, Hirtentäschel *(Capsella bursa-pastoris)* und Leindotter *(Camelina sativa)*. Weitere essbare Pflanzen, die in großen Mengen in der Umgebung der Pfahlbausiedlungen vorkamen, waren Wilde Möhre *(Daucus carota)*, Rainkohl *(Lapsana communis)*, Rübsen *(Brassica rapa)* oder Brennnessel *(Urtica dioica)*. Zum Würzen eigneten sich die Blätter und Samen von Knoblauchsrauke *(Alliaria petiolata)* oder Echtem Dost *(Origanum vulgare)*, sowie verschiedene Minzen, die in den Pfahlbaufundstellen alle sehr häufig nachgewiesen sind. Des Weiteren wurden beson-

Erstfrühling

ders häufig gesammelt: Erd-, Him- und Brombeeren, Johanniskraut, Wildäpfel, Physalis, Wegeriche, Sauerampfer, Hahnenfuß, Vogelmiere und Eisenkraut.

*Frisch oder getrocknet genießbar: Samen des Hirtentäschels*

## Pfahlbauer fördern die Artenvielfalt

Nicht nur die Kulturpflanzen entwickelten sich unter menschlichem Einfluss weiter, sondern auch viele einheimische Wildpflanzen hatten durch Rodungen und die Anlage und Pflege von Äckern, Wegen, Weiden oder Hecken neue Möglichkeiten, sich auszubreiten. Es entstanden ganz neue Pflanzengesellschaften in offenen oder halboffenen Landschaften, die die Grundlage der heutigen botanischen Pflanzensoziologie (Typisierung von Vegetationseinheiten) bilden, wie zum Beispiel die sogenannten Ackerunkrautgesellschaften *(Polygono-Chenopodietalia)*. Wie der lateinische Name schon sagt, dominieren hier Gänsefuß-Arten *(Chenopodium* spec.). Die Pfahlbauerinnen griffen mit ihren Feldern, Tierweiden und der Holzentnahme in die Natur ein und schufen damit nicht nur die Anfänge unserer heutigen Kulturlandschaft, sondern auch ihren eigenen »wilden Garten«.

*Dornenhecke mit Schlehen, Weißdorn und Brombeere*

**Pflanze des Monats**
## Erbse: Braun gescheckt statt knallgrün

Die Wildform der Kulturerbse *(Pisum sativum)* wächst in Kleinasien. Dort hat sie sich noch selbst fortgepflanzt, indem die reifen Hülsen aufgesprungen und die Samen herausgefallen sind. Der Mensch hat ihr das durch Auslese jener Pflanzen, die nicht oder erst spät aufspringen, abgewöhnt. Das gleiche gilt für die Dormanz, die Winterruhe, die dafür sorgt, dass die Samen nicht gleich keimen, sondern erst im Folgejahr, wenn das Wetter günstig ist. Im Gegenzug mussten die ersten Bauern das Saatgut trocken und vor Schädlingen geschützt aufbewahren und zum rechten Zeitpunkt wieder aussäen. So wurden die Kulturpflanzen vom Menschen abhängig und der Mensch von ihnen.

Wer bei Erbsen nur an die knackig-süße, knallgrüne Tiefkühlkost denkt, liegt falsch; denn die Zuckererbsen wurden bei uns erst im 19. Jahrhundert populär. Eine Gruppe von Forschern analysierte die DNA von rund 3.000 Jahre alten verkohlten Erbsen aus einer serbischen Fundstelle und fand heraus, dass die Pflanzen zweifarbige Blüten hatten und die Samen braun gescheckt waren. So ähnlich dürften auch die Erbsen der Pfahlbauerinnen ausgesehen haben. Und wie schmeckten sie? Wahrscheinlich wie Ackererbsen, die heute nur noch als Kraftfutter für Rinder und Geflügel angebaut und unter dem Namen »Futtererbse« gehandelt werden. Es wäre wohl keinem Pfahlbauer in den Sinn gekommen, die protein- und eiweißreichen Kraftpakete ans Vieh zu verfüttern oder sie unreif zu essen. Viel eher ließen sie die Erbsen ausreifen, sammelten sie mitsamt den Hülsen und schälten diese dann abends vor dem Feuer, wie Erbsenhülsen innerhalb von Gebäuden in der Fundstelle Zürich-Opéra (CH) andeuten.

## Erstfrühling

# Buchenkeimling-Salat

**Zutaten**
Buchenkeimlinge (reichlich)
Löwenzahnblätter
Scharbockskrautblätter
Getrocknete Physalis
Honig
Leinöl
Bucheckern (gehackt)
Veilchenblüten (zur Dekoration)

Bevor die Buchenblätter in zartem Grün austreiben, keimen die Bucheckern vom letzten Jahr. Die Keimblätter bedecken in manchen Jahren flächig den Boden, so dass auf dem Nachhauseweg durch einen Buchenwald schnell genug Keimlinge für einen schmackhaften Salat gesammelt sind.

**Zubereitung**
Buchenkeimlinge, Löwenzahnblätter und Scharbockskrautblätter waschen || Löwenzahnblätter und Scharbockskrautblätter klein schneiden || Getrocknete Physalis klein schneiden, mit wenig Wasser und Honig aufkochen und mit Leinöl zu einem Dressing anrühren || Buchenkeimlinge, Löwenzahnblätter und Scharbockskrautblätter mit dem Dressing anmachen, mit gehackten Bucheckern bestreuen und mit Veilchenblüten dekorieren.

**Tipp:** Scharbockskraut *(Ranunculus ficaria L. = Ficaria verna* Huds.) ist ein Würzkraut, das viel Vitamin C enthält. Allerdings sind ohne Bedenken nur die Blätter von Pflanzen verzehrbar, die noch keine Blüten ausgetrieben haben; denn prinzipiell enthalten alle Teile der Pflanze mehr oder weniger Giftstoffe. Zudem sollte Scharbockskraut nur gesammelt werden, wenn Verwechslungen mit wesentlich giftigeren »echten« Hahnenfußgewächsen *(Ranunculaceae)* sicher ausgeschlossen werden können.

Erstfrühling

# Fisch-Bärlauch-Röllchen

**Zutaten**
Fischfilets
(z. B. Forelle)
Frischkäse
Bärlauchblätter
Salz

*Wenn das Wasser wärmer wird und die Laichzeit vorbei ist, sind Fische vermehrt wieder ufernah unterwegs. Zeit also für ein Frühlings-Fischrezept mit Bärlauch, der Wildpflanze, die auch heute noch den Sammeltrieb in uns auslöst.*

**Zubereitung**

Die flach ausgelegten Fischfilets dünn mit Frischkäse bestreichen und 1–2 Bärlauchblätter darauflegen (Bärlauch zuvor gut waschen). Aufrollen und mit einem zugespitzten Hölzchen feststecken || Die Röllchen in eine Gratinform stellen und leicht gesalzenes Wasser darüber gießen || Im Ofen backen, bis der Fisch gar ist || Während des Backens den Fisch regelmäßig mit dem Salzwasser aus der Form beträufeln, sonst werden die Bärlauchblätter braun.

**Tipp:** Dazu passt gekochter Weizenschrot (Bulgur), nach Lust und Laune verfeinert mit frischen Kräutern und Blüten (z. B. Sauerklee).

## Erstfrühling

## Brennnessel-Ricotta-Ravioli

**Zutaten**

*Teig*
Vollkornmehl
(z. B. Rotkornweizen)
Hartweizengrieß
Eier

*Füllung*
Brennnesseln (Blätter oder junge Triebe)
Ricotta
Thymian
Salz

*Junge Brennnesseltriebe sind ein wahrer Leckerbissen. Nach kurzem Blanchieren verlieren die feinen Brennhaare ihre Wirkung und man kann die Blätter bedenkenlos essen, beispielsweise als Ravioli in Kombination mit Ricotta als Füllung.*

**Zubereitung**

Vollkornmehl, Grieß und Eier vermengen und gut kneten (z. B. 140 g Rotkornweizen 60 g Grieß, 2 Eier und etwas Wasser). Der Teig sollte feucht und elastisch, jedoch nicht klebrig sein. Kühl ruhen lassen || Brennnesseln kurz in kochendem Wasser blanchieren. In kaltem Wasser abschrecken und danach abtropfen lassen || Ricotta mit den fein gehackten Brennnesseln, abgezupften Thymianblättern und Salz verrühren || Teig dünn zu langen Streifen auswallen ||

**Tipp:** Besonders lecker ist ein Topping aus Brennnesselchips. Die Brennnesselblätter dafür in etwas Öl wenden und im Ofen knusprig backen.

Mit einem Löffel Häufchen der Brennnessel-Ricotta-Füllung auf die eine Hälfte des Teigstreifens geben. Teig zusammenklappen und mit den Händen den Teig um die Füllung herum festdrücken || Teigstreifen zwischen den Füllungen durchtrennen und die Ränder mit einer Gabel oder den Fingern gut zusammendrücken || In sprudelndem Wasser kochen, bis die Ravioli gar sind.

## Erstfrühling

# Nessel-Crumble

**Zutaten**
Hirse
Brennnesseln
Rote Taubnesseln
Eier
Butterschmalz
Salz

*Ein paar frisch gelegte Wildvogeleier in Kombination mit Hirse und Grünzeug – fertig ist die Mahlzeit. Hier ein Beispiel mit Hirse und Nesseln, von denen es nicht nur die brennende Art gibt.*

**Zubereitung**

Hirse kochen || Brennnesseln und Rote Taubnesseln gar kochen || Gekochte Nesseln klein schneiden und mit der Hirse, Ei und etwas Salz zu einer teigartigen Masse vermengen || In etwas Butterschmalz krümelig anbraten.

Erstfrühling

Vollfrühling

# Die Milch-Saison ist eröffnet

*Traditionelle Osterspeisen enthalten reichlich Milch, Butter, Sahne und Eier. Das ist kein Zufall: Eier und Milch gab es früher nicht das ganze Jahr über. Ursprünglich legten Hühner nach der Winterpause erst mit den längeren, wärmeren Tagen wieder Eier, und die Milchsaison begann mit der Geburt der ersten Kälber im Frühjahr. Für Eier musste man zur Zeit der Pfahlbauten allerdings noch das eine oder andere Vogelnest plündern; denn es gab noch keine Nutzhühner. Auch Milch genoss man nicht im Überfluss, weil die allermeisten Pfahlbauer laktoseintolerant waren.*

*Im Frühling gibt es endlich frische Milchprodukte*

*Das jungsteinzeitliche Rind (rechts) ist kleiner als das Wildrind (links) und heutige Rinderrassen (Stettfurt-Sonnenberg, CH)*

## Kühe so klein wie Ziegen

Heute ist Milch jederzeit und unbegrenzt verfügbar. Die modernen Hochleistungsmilchkühe geben bis zu 10.000 Liter Milch im Jahr. Das funktioniert nur mit reichlich Kraftfutter. Im 19. Jahrhundert betrug die Jahresmilchleistung von Kühen in Europa durchschnittlich 500 bis 600 Liter, und davon brauchte das Kalb etwa die Hälfte bis zwei Drittel. Die Milchmenge nahm vom Frühling über den Sommer ab; denn im Laufe der Zeit gewöhnte sich das Kalb an die Grasnahrung. Im Herbst stand die Kuh dann trocken und erholte sich für die nächste Runde. Anhand von Knochenfunden aus den Pfahlbauten kann man ausrechnen, dass die jungsteinzeitlichen Kühe sehr klein waren und in manchen Zeiten nur knapp einen Meter Schulterhöhe hatten – so groß wie heute manche Ziegenrassen. Viel Milch wird also nicht für die Menschen verfügbar gewesen sein.

## Laktosetoleranz als Überlebensvorteil

Von DNA-Untersuchungen jungsteinzeitlicher Menschen wissen wir, dass Laktoseunverträglichkeit in der Steinzeit weit verbreitet war. So war auch Ötzi, die Gletschermumie aus den Südtiroler Alpen, laktoseintolerant. Dennoch hat man in jungsteinzeitlichen Keramiktöpfen durch chemische Analysen Milchfette nachweisen können, die belegen, dass bereits damals Milch gekocht oder erhitzt wurde. Erst ab der Bronzezeit nahm der Anteil laktoseverträglicher Menschen zu. Der Nachweis des Molke-Proteins ß-Lactoglobulin im Zahnstein bronzezeitlicher Menschen zeigt an, dass nun auch Erwachsene Frischmilch oder Molke verzehrten.

Menschen mit Laktoseverträglichkeit müssen damals einen Überlebensvorteil gehabt haben, so dass diese sich allmählich durchgesetzt hat. In Mittel- und Nordeuropa – in Gegenden mit traditionell großer Bedeutung von Milch – ist auch heute noch der Anteil laktosetoleranter Menschen am höchsten. Die Grundlage dazu legten die jungsteinzeitlichen Pfahlbauerinnen, indem sie begannen Milch zu verarbeiten. In den Pfahlbauten findet man sämtliche Gerätschaften, um Käse herzustellen: Siebgefäße, feine Gewebe, Birkenrindengefäße, Holzkellen, die man zum Abrahmen verwenden kann, und sogar »Milchquirle«.

*Geschirrensemble der spätbronzezeitlichen Pfahlbaufundstelle Eschenz-Insel Werd (CH), mit einem Siebgefäß*

Vollfrühling

## Süßer und saurer Käse

Verarbeitete Milchprodukte können auch von Menschen mit Laktoseunverträglichkeit genossen werden. Durch Milchsäuregärung werden sie außerhalb des Körpers quasi vorverdaut. Die Milch ist zudem in verarbeitetem Zustand länger haltbar. Rohmilch hingegen ist ein regelrechter Bakterien-Brutkasten. Dabei gibt es gute und schlechte Bakterien. Sind gute am Werk, setzt sich zuerst Sahne an der Oberfläche ab. Die Milchsäuregärung passiert dann von selbst, wobei leichtes Erwärmen die Gerinnung fördert. Das ist einfach, aber auch ein bisschen unvorhersehbar; denn man weiß nie, welche Bakterien oder Schimmelpilze das Rennen machen und die Milch zuerst besiedeln. Der Übergang von Frischmilch zu Sauermilchkäse ist fließend; in Zwischenstufen entstehen Dickmilch, (Sauer-)Quark und Frischkäse. Lässt man die geronnene, eingedickte Milch abtropfen, wird sie in wenigen Wochen zu proteinreichem Sauerkäse, wie es die meisten der heutigen Weichkäsesorten sind. Lange lagerfähig ist dieser Käse aber nicht.

*Frischkäse mit Schafgarbe und Spitzwegerich*

Aufwändiger ist die Süß- oder Hartkäse-Herstellung, bei der ein Gerinnungsmittel gezielt zugesetzt wird, zum Beispiel Lab, das in den Mägen von Kälbern oder Zicklein enthalten ist, die kleingeschnitten und getrocknet wurden. Hartkäse sind mehrere Jahre lagerfähig und gut transportierbar. Die Produktion benötigt allerdings große Milchmengen auf einmal (13 Liter Milch für ein Kilo Hartkäse), eine gewisse Hygiene und zahlreiche, zeitlich aufeinander abgestimmte Arbeitsschritte. Während der Reifung müssen die Laibe in einer kühlen Umgebung und mit viel Salz gepflegt werden. Ob die Pfahlbauer schon Hartkäse hergestellt haben, ist deshalb zweifelhaft.

## Milchgenuss über die Saison hinaus

Viele Frischmilchprodukte müssen gekühlt und rasch verzehrt werden. Quark und Frischkäse gab es daher nur vom Frühling bis in den Sommer. Der heute so beliebte Joghurt war den Pfahlbauerinnen allerdings noch nicht bekannt; denn die dazu benötigten Bakterien kommen im Alpenraum nicht vor und wurden erst im frühen 20. Jahrhundert aus Südosteuropa eingeführt. Die Herstellung von erfrischenden Molkeprodukten hingegen dürfte gang und gäbe gewesen sein. Die abgetropfte Flüssigkeit der Käseherstellung – Molke, Schotte oder Sirte genannt – kann man direkt verzehren oder nochmals verkäsen. Diese fettarmen und eiweißreichen Molkekäse sind in der Schweiz als »Ziger«, in Norwegen als »Braunkäse« bekannt. Durch Räuchern lassen sich Molkekäse zumindest einige Wochen aufbewahren. In anderen Weltgegenden, zum Beispiel dem Himalaya, wird Molke durch stundenlanges Kochen und anschließendes Trocknen in ein Albumin-Globulinkonzentrat verwandelt, welches man jahrelang aufheben kann. Für die Verwendung mahlt man die Stücke zu einer Art »Magermilchpulver« und schäumt sie mit warmem Wasser unter Rühren auf. Auch Butter kann man länger haltbar machen, indem man durch Erhitzen Milcheiweiß, Milchzucker und Wasser aus der Butter entfernt. Mit dem Butterschmalz konnte man auch über die Milchsaison hinaus kochen und backen.

## Biestmilch – Delikatesse und Powerdrink

Für viele von uns mag bereits die Verarbeitung von Frischmilch ungewohnt sein. Noch spezieller und heute weitgehend unbekannt ist die Verwendung von Biestmilch, auch Erstmilch, Vormilch oder Co-

Vollfrühling

*Abseihen der geronnenen Milch*

lostrum genannt. Biest ist in diesem Fall keine Bezeichnung für ein lästiges Tier oder einen durchtriebenen Menschen: Der Begriff geht auf das Verb »bies(t)en« zurück, was melken bedeutet. Jedes weibliche Säugetier produziert in den ersten Tagen, nachdem es geboren hat, eine dickflüssige, gelbliche Milch. Sie enthält Antikörper, welche die Immunabwehr des Neugeborenen stärken und ihm eine Vielzahl an Proteinen, Vitaminen, Wachstumshormonen und Mineralstoffen für einen guten Start ins Leben geben. Biestmilch war und ist etwas Besonderes, weil es sie jeweils nur für kurze Zeit gibt. Ihr werden stärkende und heilende Kräfte nachgesagt. Gut möglich, dass auch die Pfahlbauerinnen die Biestmilch bereits schätzten; denn sie ist süßlich, sehr gehaltvoll und erinnert geschmacklich und in der Konsistenz leicht an Caramelköpfli (Caramelflan). Durch den hohen Proteingehalt stockt die Biestmilch beim Erhitzen. Sie eignet sich daher für Süßspeisen wie Aufläufe oder Pfannkuchen, aber auch für die Herstellung von Käse oder als Zutat eines Brotteiges.

# Pflanze des Monats
## Labkraut macht den Käse rot

Labkraut *(Galium* spec.) ist eine Pflanzenart, die man bei der Käseherstellung anstelle von Kälber-Lab verwenden kann. Das Echte Labkraut *(Galium verum)* und das Wiesenlabkraut *(Gallium mollugo)* enthalten genau dasselbe Enzym wie Kälbermägen. Beide Labkrautarten sind regelmäßig in Pollenprofilen aus der Pfahlbauzeit nachgewiesen. Verwendet werden die Wurzeln, alternativ auch frisches oder getrocknetes Kraut. Der Unterschied zum Käsen mit tierischem Lab ist, dass man die Milch länger stehen lassen muss, bis sie gerinnt. Aus den Wurzeln kann man außerdem einen gelb-roten Farbstoff gewinnen. Der englische Chester-Käse wird mit Labkraut hergestellt und bekommt dadurch seine rötliche Farbe. Das Käsen funktioniert auch mit anderen Pflanzen, zum Beispiel mit Brennnesseln oder Waldmeister. Neben der Verwendung zum Käsen kann man Labkraut auch als Salat, Suppenbeilage oder für einen Teeaufguss verwenden. Essbar sind alle Pflanzenteile. Zu finden sind die Pflanzen mit den goldgelben, nach Honig duftenden Blüten auf Wiesen oder Waldlichtungen.

Vollfrühling

# Lammkoteletts mit Maispitzen

**Zutaten**
Honig
Maispitzen von Rottanne (Fichte) oder Weißtanne
Grünkern
Kräuter (z. B. Knoblauchsrauke, Sauerampfer, Dost)
Salat (z. B. Giersch, Löwenzahn, Erdbeerblätter, Wiesenknopf)
Leinöl
Lammkoteletts
Salz

Im Wald gibt es ab dem Mai neben Buchenschößlingen noch weitere essbare Baumteile, die man ernten kann, zum Beispiel die grünen, frischen Triebe an Nadelbäumen, die auch »Maispitzen« oder »Maiwipferl« genannt werden. Je jünger sie sind, desto dezenter ist ihr herb-säuerlicher Geschmack.

**Zubereitung**
Honig mit Wasser und Salz erhitzen. Maispitzen zugeben, ein bis zwei Stunden ziehen lassen, dann die Maispitzen absieben || Grünkern weich kochen || Kräuter und Salat waschen. Kräuter fein hacken, Salat nach Wunsch zerkleinern und mit Salz, Kräutern und Leinöl anmachen || Lammkoteletts grillieren oder in der Pfanne braten, dabei von beiden Seiten leicht salzen || Das Bratfett in ein kleines Töpfchen

**Tipp:** Maispitzen können auch in Öl eingelegt werden, um ein geschmacksintensives Kräuteröl herzustellen.

gießen, gehackte Kräuter zugeben, kurz aufkochen, Maispitzen-Honig-Sud zugeben, evtl. nachsalzen || Lammkoteletts mit Soße übergießen und mit Grünkern und Wildkräuter-Salat genießen.

## Vollfrühling

## Sauerkäse

**Zutaten**
Frischmilch
Sauerrahm
Kräuter (z. B. Schafgarbe, Brunnenkresse oder Vogelmiere)
Salz

Auch in der heimischen Küche kann man einfach Produkte aus Frischmilch herstellen. Frischkäse gelingt mit etwas Geduld und ohne spezielle Zutaten. Das Endprodukt schmeckt säuerlich, da bei Zimmertemperatur eine Sauerverkäsung abläuft.

**Zubereitung** ①
Frischmilch mit Sauerrahm verrühren (etwa 1–2 EL pro ½ Liter Milch) || Bei Zimmertemperatur mindestens einen halben, besser einen ganzen oder sogar eineinhalb Tage mit einem Tuch abgedeckt stehen lassen. Den Ansatz nicht rühren || An der Oberfläche setzt sich die Sahne ab, darunter entsteht die »Dickete«. Wenn die Oberfläche fest wirkt, vorsichtig mehrfach einschneiden. Es muss eine klare Flüssigkeit austreten (Molke oder Schotte). Wenn die Masse noch nicht so weit ist, ein paar Stunden länger war-

**Tipp:** Bei der Zubereitung können alle Zwischenschritte gegessen werden: die »Dickete« (eine Art Dickmilch) und die quarkartige Masse beim Abtropfen.

Vollfrühling

ten || Die geschnittene Masse in ein Tuch stürzen und mindestens zwei Tage im Kühlschrank abtropfen lassen. Man kann sie auch eine Woche stehen lassen. Je länger sie abtropft, desto fester wird sie || Mit Salz, Kräutern und anderen Zutaten nach Belieben verrühren oder verkneten. Fertig ist der selbst gemachte Frischkäse! Das Endprodukt hält sich mehrere Tage im Kühlschrank. Möchte man den Sauerkäse länger aufheben, sollte man ihn in Salzlake lagern || Zum selbst gemachten Frischkäse passen Brot und Salat.

## Vollfrühling

## Kräuterquark auf Fladenbrot

*Die natürlichen, kaum gedüngten Wiesen bieten uns eine Vielzahl an würzigen Wildkräutern, mit denen frische Milchprodukte wie Quark abgeschmeckt werden können. Dazu ein frisch gebratenes Fladenbrot, fertig ist die Mahlzeit.*

**Zutaten**
Vollkornmehl
Öl
Quark
Milch
Wald-Sauerklee
Sauerampfer
Frauenmantel
Ährige Teufelskralle
Löwenzahn
Dost
Kriechender Günsel (vorsichtig dosieren, da sehr intensiv)
Gundelrebe
Fingerkraut

**Zubereitung**
Mehl mit Wasser, ein wenig Öl und Salz zu einem Teig verkneten. Einige Zeit stehen lassen || Quark mit etwas Milch sämig rühren || Den Quark mit reichlich gehackten Wildkräutern vermengen || Mit Blüten von Gänseblümchen oder Veilchen dekorieren || Den Teig nochmals durchkneten, in etwa faustgroße Stücke portionieren, diese zu Fladen ausrollen oder – mit etwas Übung – von Hand formen || Die Fladen in der Bratpfanne (ohne Zugabe von Öl oder Fett) von

**Tipp:** Die folgende Kombination von frühsommerlichen Würzkräutern hat sich ebenfalls bewährt: Löwenzahn, Habichtskraut, Fingerkraut, Echte Nelkenwurz, Schafgarbe, Ehrenpreis (mit Blüten zu verwenden) und Spitzwegerich.

**Schafgarbe** (vor der Blüte der Pflanze können die jungen fiedrigen Blätter, die nicht am Stiel, sondern aus dem Boden wachsen, verwendet werden)
**Spitzwegerich**
**Gänseblümchen** oder
**Veilchen** (Blüten)
Salz

einer Seite braten, bis sich dunkle Stellen zeigen. Wenden und auf der anderen Seite fertig braten || Fladenbrote mit Kräuterquark servieren.

## Vollfrühling

## Colostrumtorte

Mit Torte assoziieren die meisten eine Süßspeise. Zum Tortenboden aus Sauerteig und dem Belag aus eingedickter Biestmilch (Colostrum, vgl. Seite 55 f.) passt hingegen eine salzige Beilage perfekt. Erst recht mit frischen Kräutern, die auch der Kuh schmecken, der wir die Biestmilch zu verdanken haben.

### Zutaten

**Colostrumtorte**
Sauerteig-Anstellgut
Ruch- oder Halbweißmehl (Weizen oder eine Mischung mit Emmer- und Einkornmehl)
Biestmilch (als Ersatz 70 ml Rohmilch mit 120 g Magermilchpulver vermengen)
Eier
Salz

**Wildgemüse**
Saisonales Wildgemüse (im März z. B. Schafgarbe, Vogelmiere, Löwenzahn und kleiner Wiesenknopf)
Butter
Salz

### Zubereitung

**Colostrumtorte:** Anstellgut mit Mehl, Wasser und etwas Salz vermengen und kneten || Zugedeckt aufgehen lassen || Biestmilch, Eier und Salz kräftig schlagen || Ein Kuchenblech mit dem Teig belegen und den Teig am Rand hochziehen || Milch-Eier-Masse einfüllen || Im Ofen mit mehr Unter- als Oberhitze backen, bis der Belag goldbraun und der Teig knusprig ist.

**Wildgemüse:** Wildgemüse klein schneiden || In etwas Butter kurz dünsten.

Vollfrühling

Frühsommer

# Willkommen in der Bronzezeit

*Werkzeuge aus Metall statt Stein und neue Keramikformen läuten die Bronzezeit ein*

*Mit der Einführung der Bronze als Metall beginnt eine neue Epoche in der archäologischen Zeitrechnung. Auch hinsichtlich Ackerbau und Viehzucht passiert einiges in der Bronzezeit zwischen circa 2200 und 800 v. Chr.: Die Palette der angebauten Nutzpflanzen verdoppelt sich fast, das Pferd wird eingeführt und der Pflug setzt sich durch. Die Menschen besiedeln auch ackerbaulich weniger ideale Landschaften wie die Alpen. Der Wandel geschieht allerdings allmählich und nicht so plötzlich, wie es die Epochenbezeichnung suggeriert.*

## Holzwege und Burgen

Nach dem Ende der jungsteinzeitlichen Pfahlbauten um 2400 v. Chr. und einer mehrere Hundert Jahre andauernden Unterbrechung werden ab 2000 v. Chr. in Norditalien wieder Feuchtbodensiedlungen errichtet. Etwas später findet auch nördlich der Alpen die Wiederbesiedlung der Seen statt. Aus der Mittel- und Spätbronzezeit kennen wir sehr große Siedlungen, von denen manche wie Burgen mit Pa-

Frühsommer

lisaden, Zugangswegen, Toren und Zugbrücken befestigt waren. Eine der größten Anlagen ist die UNESCO-Fundstelle Unteruhldingen-Stollenwiesen (D): Dort stecken heute noch circa 70.000 Pfähle im Seeboden. Die letzten spätbronzezeitlichen Pfahlbauten enden um 800 v. Chr. Neben den Seeufersiedlungen gab es in der Bronzezeit auch befestigte Höhensiedlungen und kleine Weiler in Hanglagen. Ausgebaute Verkehrsachsen ermöglichten die Intensivierung des Warentausches durch ganz Europa.

## Mehr Arten, weniger Risiko

Die Kulturpflanzen der Jungsteinzeit haben die bronzezeitlichen Pfahlbauer weiterhin gehegt und gepflegt. Doch bereits am Ende der Jungsteinzeit, um 2400 v. Chr., wird der wohl aus Mittelasien stammende Dinkel im Voralpengebiet eingeführt. Ab der Mittelbronzezeit (1600 v. Chr.) erweitern zudem Rispenhirse und Ackerbohnen das Nutzpflanzenspektrum. Hirse wird in der Spätbronzezeit sogar zum wichtigsten Grundnahrungsmittel. Hinzu kommen neben der altbekannten Erbse als weitere Hülsenfrüchte die Linse und die Linsenwicke. Die meisten der neu eingeführten Kulturpflanzen sind

*Eine verstürzte Brücke zur bronzezeitlichen Siedlung auf der Insel Buchau (D)*

*Neu ab der Bronzezeit: Ackerbohne, Linse, Hirse und Dinkel*

Frühsommer

kälteempfindlich und können erst im späten Frühjahr ausgesät werden. Sie stammen ursprünglich aus dem östlichen Mittelmeerraum oder noch weiter aus dem Osten.

Durch die Verbreiterung der Anbaupalette konnten die Pfahlbauerinnen die ackerbaulichen Aktivitäten besser aufs Jahr verteilen und das Risiko eines Ernteausfalls minimieren. Falls das Wintergetreide ausfiel, konnte man mehr Hirse und Hülsenfrüchte pflanzen und umgekehrt. Spätestens in der Bronzezeit setzte sich auch der von Ochsen gezogene Hakenpflug bei der Feldbewirtschaftung durch. Diese Innovation brachte viele Vorteile: Die Menschen konnten mit dem Pflug in der gleichen Zeit viel größere Flächen bestellen als von Hand. Zudem war es nun möglich, schwerere Böden zu bewirtschaften und damit neue Landschaften zu erschließen. Die Bevölkerung wuchs deutlich an, alpine Lagen bis auf über 1.500 Meter Höhe wurden dauerhaft besiedelt, und allerlei Güter wurden quer durch Europa und über Alpenpässe transportiert: Glas, Zinn, Bronze, Salz, vermutlich auch Lebensmittel, Gewürze, Saatgut, vielleicht auch Pferde und Menschen und ganz sicher Ideen und Glaubensvorstellungen. Kupferbergbau im Oberhalbstein (CH) und Salzbergbau in Hallstatt (A) zeigen auch die zunehmende Professionalisierung und Arbeitsteilung der Gesellschaft an. Durch Pollenanalysen ist belegt, dass die Umwelt in den besonders siedlungsgünstigen Räumen wie dem Schweizer Mittelland oder der Bodensee-Region während der Bronzezeit endgültig in eine Kulturlandschaft verwandelt wurde, die schon ähnlich stark geöffnet war wie zur Römerzeit und im Mittelalter. In der Bronzezeit ist auch erstmals in größeren Mengen »Grünland« im Sinne von Weiden nachgewiesen.

## Hülsenfrüchte: bronzezeitliches Superfood für Mensch und Tier

Bei Veganern und Vegetarierinnen sind Linsen und Co. hochgeschätzt und erleben gerade einen Boom. Hülsenfrüchte galten jedoch lange Zeit als Viehfutter und Armeleuteessen. Nicht so bei den Pfahlbauern. Im jungsteinzeitlichen Starter-Kit war zunächst nur die Erbse *(Pisum sativum)* enthalten. Die in der Bronzezeit eingeführte

Ackerbohne *(Vicia faba)* trägt viele Namen. Die meisten sind nicht sehr schmeichelhaft: Saubohne, Pferdebohne, Viehbohne, Dicke Bohne, Feldbohne, Puffbohne, Fababohne. Die heutige Bezeichnung »Dicke Bohne« ist jedoch irreführend und trifft auf die damaligen Samen nicht zu. Diese waren mit vier bis zehn Millimetern deutlich kleiner als die Wonneproppen, die im flaumigen Innern von frischen Ackerbohnen-Hülsen heutiger Sorten heranreifen und mittlerweile wieder als Delikatessen gelten.

*Je zwei Linsen stecken in den Hülsen*

Die Linse kam in zwei Wellen nach Mitteleuropa. Die ältesten Funde stammen aus der beginnenden Jungsteinzeit. Die Linse hat aber aus unbekannten Gründen damals bei uns nicht Fuß gefasst und ist in jungsteinzeitlichen Pfahlbaufundstellen praktisch nicht nachweisbar. Erst in der Bronzezeit ist sie erneut gekommen und geblieben. Linsen sind zarte, kälteempfindliche Pflanzen, die eine Stütze brauchen und anfangs wenig ertragreich sind. Die kurzen Hülsen enthalten nur zwei Samen, und eine Krux ist, dass die Hülsen einer Pflanze nicht gleichzeitig reif werden. Wer einen nennenswerten Wintervorrat an Linsen anlegen wollte, musste daher immer wieder tief gebückt in mühsamer Handarbeit die reifen Linsen abernten. Manchmal ist es ein Rätsel, weshalb gewisse Kulturpflanzen sich durchgesetzt haben, aber offensichtlich schätzten die Menschen damals ihre Vorteile als sättigendes, Kraft gebendes Lebensmittel ganz besonders.

Frühsommer

## Goldglänzend und superscharf

Metall, vor allem Kupfer, gibt es schon lange vor dem Beginn der Bronzezeit. In den Pfahlbauten sind Kupferobjekte und Schmelztiegel von Anfang an belegt. Doch erst die ab 2200 v. Chr. neu eingeführte Bronze läuft dem zuvor alles dominierenden Feuerstein (Silex) den Rang ab. Die Legierung aus Kupfer und Zinn lässt sich in fast jede beliebige Form bringen. Sie kann x-mal geschärft werden, ist recyclingfähig und mit ihrer rotgolden glänzenden Oberfläche zudem ein echter Hingucker. Mit der Gusstechnik lassen sich aus Metall Objekte fertigen, die man aus Stein, Holz oder Silex nicht herstellen kann, zum Beispiel Schwerter oder Schmuck mit goldähnlichem Glanz. Es ist daher nicht überraschend, dass der neue Werkstoff zunächst vor allem für Waffen sowie für Schmuck und Prestigeobjekte eingesetzt wird. Die beiden wichtigsten neuen Alltagsgegenstände dürften aber Messer und Sicheln aus Bronze gewesen sein. Das Messer, heute der Inbegriff des Küchenwerkzeugs, entwickelte sich aus den Dolchen. Zunächst noch mit einer zweischneidigen, kurzen Klinge ausgestattet, experimentieren die Bronzegießerinnen mit immer elaborierteren Formen, die an verschiedene Verwendungszwecke angepasst waren.

*Verschieden stark abgenutzte Bronzemesser von Zürich Wollishofen-Haumesser (CH)*

Mit Bronzemessern lässt sich vieles schneiden, schnippeln, hacken, schnitzen, zerteilen, trennen. Die Klingenform und feinste Kratzer, Dellen sowie Spuren vom wiederholten Nachschärfen verraten einiges über die Einsatzbereiche. Experimente haben gezeigt, dass je nach Einsatzgebiet verschiedene Abschnitte der Klinge zum Einsatz kommen: Der vordere Teil der Klinge ist perfekt zum Stoff-Zerschneiden und Tiere-Häuten, der mittlere eignet sich gut zum Gemüse-Rüsten und Fisch-Schuppen, und mit dem hinteren wird am besten schnitzend gearbeitet. Die geschweifte Form vieler Messerklingen erlaubt sogar einen Wiegeschnitt beim Kräuter-Hacken. Wie wir heute Schweizer Taschenmesser ständig bei uns tragen, um sie rasch zur Hand zu haben, dürften die Besitzerinnen der Bronzemesser diese immer bei sich gehabt haben.

## Pflanze des Monats
### Hirse: Sättigendes Porridge oder Vogelfutter?

Hirse steht heute in Mitteleuropa nur selten auf dem Speiseplan. Das war früher anders. Ihre Einführung um die Mitte des 2. Jahrtausends v. Chr. kann beinahe als Food-Revolution bezeichnet werden. Die ältesten europäischen Hirsefunde stammen aus der Ukraine und dem Karpatenbecken. Nur 100 Jahre später ist die Hirse in ganz Zentraleuropa zu finden. Was verhalf dem goldenen Korn zum Siegeszug? Hirse hat eine kurze Kulturzeit. Sie darf zwar erst nach den Eisheiligen ausgesät werden, ist dann aber anspruchslos, schädlingsresistent, trockentolerant und innerhalb von nur rund 100 Tagen erntebereit. Dann sind die Rispen (von *Panicum miliaceum*) oder die Kolben (von *Setaria italica*) voll mit kleinen runden Samen. Das Stroh dürfen die Viecher fressen, die Körner müssen durch Dreschen aus den Spelzen gelöst werden. Dann kann man den nahrhaften Hirsebrei kochen, der bei den Römern ebenso wie im Mittelalter der Inbegriff einer sättigenden Mahlzeit war.

Aus Hirse lassen sich neben Brei allerlei andere süße oder salzige Speisen herstellen. Auf dem afrikanischen Kontinent werden Hirsefladen zu jedem Gericht serviert und – anstelle von Besteck – zum Löffeln der Speisen verwendet. Mit etwas mehr Wasser und ausreichend Zeit kann man aus Hirse sogar Bier herstellen. Kürzlich haben Archäobotanikerinnen anhand von gekeimten Getreideresten aus Zürich (CH) die Herstellung von Bier in keltischer Zeit, also rund 700 Jahre nach der Pfahlbauzeit, nachgewiesen. Belegt sind gekeimte Körner von Dinkel, Weizen, Emmer und Hirse. Gerste wurde nicht nachgewiesen. Eine lokale Brauerei hat das Bier nachgebraut. Es riecht angeblich angenehm säuerlich, hat eine Apfelnote und schmeckt fruchtig-spritzig.

Frühsommer

# Blattsalat mit Hirsewrap

**Zutaten**

Blattsalat
Baumblätter (z. B. Buche, Hasel, Wilde Kirsche, Winterlinde und Birke)
Haselnussöl
Bucheckern
Salz

Hirsewrap
Hirsemehl
Weizenmehl
Öl
Ziegenfrischkäse
Trockenfleisch
Salz

Viele Baumblätter sind essbar und überraschen durch ganz unterschiedliche Aromen. Frisch getriebene Blätter sind zudem wunderbar zart und können roh oder gekocht verwendet werden.

**Zubereitung**

**Blattsalat:** Bereits beim Pflücken darauf achten, nur die jungen, zarten Blätter ohne Fraßlöcher zu ernten || Haselnussöl über die Blätter träufeln und den Salat leicht salzen || Bucheckern in einer Bratpfanne ohne Öl anrösten. Die braunen Häutchen springen beim Erhitzen ab und können weggeblasen werden || Die Nüsschen über den Salat streuen.

**Hirsewrap:** Hirse- und Weizenkörner im Verhältnis 1 zu 1 gemeinsam mahlen (oder bereits gemahlenes Mehl verwenden) || Aus dem Mehl mit Wasser und et-

was Salz einen dünnflüssigen Teig anrühren || Eine Pfanne mit etwas Öl erhitzen || Mit einer Schöpfkelle den Teig in die Pfanne geben und durch Schwenken verteilen || Wenn die Unterseite angebräunt ist, den Pfannkuchen wenden und die andere Seite braten || Den noch heißen Pfannkuchen sofort mit Ziegenfrischkäse bestreichen und mit in feine Scheiben geschnittenem Trockenfleisch belegen || Den unteren Rand einklappen, damit die Zutaten nicht herausfallen, und von der Seite her aufrollen. Warm servieren.

Frühsommer

# Pferdecarpaccio mit Löwenzahnkapern

**Zutaten**

*Carpaccio und Kräutermayonnaise*
Pferdefilet
Eigelb
Essig
Leindotteröl
Gewürzkräuter (z. B. Thymian, Schafgarbe)
Leindottersamen
Salz

*Löwenzahnkapern*
Löwenzahnknospen
Salz

*Ein Rohkostgericht at its best: Mit einem Bronzemesser hauchdünn geschnittenes Pferdefilet, ein Klecks Leindotteröl-Mayonnaise eine Löwenzahnkaper – und ab damit in den Mund!*

**Zubereitung**

**Carpaccio mit Kräutermayonnaise:** Pferdefilet in dünne Scheiben schneiden || Die Fleischstücke mit einem Fleischhammer, der Unterseite einer Bratpfanne oder einem Wallholz hauchdünn klopfen || Das Fleisch auf einem Teller oder einer Platte anrichten || Eigelb und Salz mit etwas Essig verrühren || Leindotteröl anfangs tropfenweise, dann in einem dünnen Strahl unter ständigem Rühren dazugießen, bis eine dickflüssige Mayonnaise entsteht || Nach Belieben mit fein gehackten Kräutern und Leindottersamen verfeinern.

**Tipp:** Zur längeren Haltbarkeit die Löwenzahnkapern in ein sauberes Glas füllen. Essig mit etwas Honig und Gewürzkräutern aufkochen und über die Knospen gießen. Die Gläser sofort gut verschließen und kurz auf den Kopf stellen.

**Löwenzahnkapern:** Knospen waschen und in eine Schüssel geben || Wasser mit viel Salz aufkochen (auf 1 Liter Wasser 100 g Salz) || Die Knospen mit dem Salzwasser übergießen || Mit einem Teller beschweren und zwei Tage im Kühlschrank ziehen lassen || Salzwasser abgießen und die Knospen gut abspülen || In einem Sieb abtropfen lassen.

Frühsommer

# Hirselinsen mit geschmortem Ochsenschwanz

### Zutaten

**Geschmorter Ochsenschwanz**
Ochsenschwanz
Butterschmalz
(Wilde) Möhren
(Wilde) Pastinaken
Thymian (frisch oder getrocknet)
Salz

**Hirselinsen**
Linsen
Hirse
Frische Sauerampferblätter
Salz

*Scharf angebraten und dann lange in einem Sud mit Wurzelgemüse geschmort: So schmeckt nicht nur der Sonntagsbraten, sondern auch ein außergewöhnliches Teil eines geschlachteten Ochsen.*

### Zubereitung

**Geschmorter Ochsenschwanz:** Ochsenschwanz in wirbellange Stücke schneiden und auf allen Seiten scharf in Butterschmalz anbraten || Möhren und Pastinaken in Stücke schneiden und ebenfalls in Butterschmalz scharf anbraten || Ochsenschwanz, Möhren und Pastinaken in ein Gefäß mit Deckel geben, etwas Wasser zufügen, mit etwas Salz und reichlich Thymian würzen, abdecken und im Ofen bei nicht zu großer Hitze mehrere Stunden lang schmoren, bis das Bindegewebe in Gelatine um-

gewandelt ist und sich das Fleisch von selbst vom Knochen löst.

**Hirselinsen:** Linsen und Hirse getrennt kochen, vermengen und mit etwas Salz sowie reichlich klein geschnittenem frischem Sauerampfer würzen.

# Frühsommer

## Erdbeertörtchen mit Holunderblütencrème

**Zutaten**
Holunderblüten
Rahm
Buttermilch
Mehl (Halbweiß- oder Ruchmehl)
Butter
Ei
Honig
Erdbeeren
Salz

*Die selbst gemachte Crème fraîche bei diesem Rezept fängt den süßlichen Duft des Holunders ein und kombiniert ihn mit einer angenehmen Säure.*

**Zubereitung** ☺

Frische Holunderblütendolden vom Strauch schneiden. Kurz auf einem Tuch auslegen, damit die Insekten sich aus dem Staub machen können || Den Rahm in eine weite Schüssel füllen und die Blütendolden mit dem Stiel nach oben eintauchen || Über Nacht an einem kühlen Ort ziehen lassen. Danach die Blüten entfernen und den aromatisierten Rahm durch ein Sieb gießen || Einige Löffel Buttermilch zufügen || An einem warmen Ort zugedeckt einen halben bis zwei Tage stehen lassen. Die Crème fraîche ist fertig, wenn sie eindickt und leicht säuerlich riecht || Mehl

mit einer Prise Salz, kalter, in Stücke geschnittener Butter, einem Ei und Honig zu einer Teigkugel zusammenfügen. Diese kurz ruhen lassen || Den Teig auswallen, Kreise ausstechen und kleine Förmchen oder ein eingefettetes Muffinbackblech damit auskleiden || Die Teigböden mit getrockneten Erbsen oder mit einem zweiten Muffinbackblech beschweren. Im Ofen goldbraun backen || Die Törtchenböden abkühlen lassen || Dann mit der Crème fraîche füllen und mit geschnittenen Erdbeeren garnieren.

Hochsommer

# Fruits de lac: Fische und mehr

*Ein Sommertag im Pfahlbaumuseum Unteruhldingen (D)*

*Wasser ist bei Pfahlbauten allgegenwärtig: Der See liegt vor der Haustüre, man sieht die Silhouetten von Fischen im Flachwasser, das Schnattern von Enten begleitet einen durch den Tag, das Quakkonzert der Frösche kündigt den Sonnenaufgang an. Die Pfahlbauerinnen lebten nicht nur am Wasser, sondern auch mit ihm und von dem, was sich darin tummelte. Wer jetzt nur an Fische denkt, irrt. Ein Voralpensee hat kulinarisch noch viel mehr zu bieten.*

## Flachwasserfischer und Aquakultur

Wen wundert's: Fisch stand bei den Pfahlbauern häufig auf dem Speiseplan. Forscher haben in den Siedlungsschichten eine Vielzahl von Fischknochen und bei besonders guten Erhaltungsbedingungen sogar Schuppen und Reste von Flossen gefunden. Auswertungen von Fischknochen haben ergeben, dass man Arten wie Egli, Hecht und Karpfenartige (Rotaugen, Rotfedern, Schleien) am häufigsten gefangen hat. Diese Fische halten sich nahe am Ufer auf. Die Pfahlbauerinnen waren also vor allem Flachwasserfischer!

## Hochsommer

Im Verlauf der Pfahlbauzeit kamen verschiedene Fischarten unterschiedlich häufig auf den Tisch. Das hängt unter anderem mit der Wasserqualität zusammen. Die Pfahlbauer lebten über Jahrhunderte an den Seen und trugen mit ihrem Vieh und ihren Abfällen dazu bei, dass die Gewässer zunehmend mehr Nährstoffe enthielten. In Pfäffikon-Burg (CH) am Pfäffikersee lebten Pfahlbauerinnen während etwa einem Jahrhundert in drei aufeinanderfolgenden Siedlungen. Schon von der ersten zur zweiten Siedlung ist der Einfluss der Menschen auf den See sichtbar: Der Anteil von Karpfenartigen und Hechten nimmt zu, die verzehrten Fische werden größer. Durch den vermehrten Nährstoffeintrag enthielt das Wasser schnell mehr Pflanzen und damit mehr Futter für die Fische. Der Hecht hält sich gerne im Röhrichtgürtel auf, dessen Wachstum durch die Nährstoffe ebenso begünstigt wurde. Ganz nebenbei betrieben die Pfahlbauer damit (unabsichtlich) bereits Fischzucht und Aquakultur.

*Fischknochen von Bad Buchau-Bachwiesen (D)*

*Hecht stand bei den Pfahlbauern regelmäßig auf dem Speiseplan*

Hochsommer

## Auf die richtige Fangmethode kommt's an

Die Pfahlbauer beherrschten verschiedene Fischfangtechniken. Geangelt hat man mit Haken aus Knochen oder Eberzähnen und ab der Bronzezeit mit solchen aus Bronze. Für den Fang von Raubfischen wie Hechten kamen Stabangeln zum Einsatz: An beidseitig zugespitzten Knochen befestigte man kleine Köderfische. Harpunen oder Speere dienten zur Jagd auf größere Fische. Für den Fang von Grundfischen wie der Trüsche wurden trichterförmige Holzreusen eingesetzt. Häufig finden Archäologen flache Steine oder Gefäßscherben mit beidseitigen Kerben. Dabei handelt es sich um Netzsenker, also kleine Gewichte, die zusammen mit Schwimmern aus Borke dafür sorgten, dass Stellnetze senkrecht im Wasser standen und sich Fische darin verfangen konnten. Auch von den Netzen haben sich Fragmente erhalten. Mit ihren Maschenweiten von 20 bis 40 Millimetern konnten kleine Fische durchschlüpfen. Man betrieb also bereits damals nachhaltigen Fischfang.

*Dieser Angelhaken aus Eberzahn von Arbon-Bleiche 3 (CH) hängt noch an der Schnur*

Will man satt werden, lohnt es sich auch zu überlegen, wann man welche Fischart wo fängt. Zudem sollte man die günstige Jahreszeit abwarten, auch um Laich- und Aufzuchtzeiten der Fische zu respektieren und die Bestände zu schonen. Felchen *(Coregonus* spec.) bevorzugen zum Beispiel eher uferferne Lebensräume. Um sie dort zu fangen, hätte man Zugnetze benötigt, die von mehreren Booten aus zu bedienen gewesen wären. Allerdings wäre es ein gefährliches Unterfangen gewesen, die wassergesättigten schweren Netze aus Bast oder Lein in die schmalen Einbäume zu ziehen. Daher fing man Felchen erst gegen Jahresende, wenn sie zum Laichen in flachere Gewässer wanderten und sich vermehrt an der Wasseroberfläche aufhielten. Tatsächlich sind in den Pfahlbaufundstellen 30 bis 40 Zentimeter große Felchen belegt, was für den Fang »laichreifer« Tiere spricht. Ein weiterer Vorteil ist, dass man zu dieser Jahreszeit gleich auch Rogen, den Pfahlbaukaviar, gewinnen kann.

# Hochsommer

*Fragment eines Netzes aus Hornstaad-Hörnle (D)*

## Froschschenkel, Schildkrötensuppe und Bibergeschnetzeltes

In der Pfahlbaufundstelle Arbon-Bleiche 3 (CH) haben Archäozoologinnen rund 1.800 Knöchelchen von Grasfröschen *(Rana temporaria)* aus Schlämmproben herausgelesen und analysiert. Die Überreste stammen besonders häufig von Vorder- und vor allem Hinterbeinen erwachsener Tiere. Schnittspuren von Silexmessern auf einzelnen Knochen bezeugen, dass die Tiere zerlegt wurden. In menschlichen Fäkalien fand man außerdem Bandwürmer, die Frösche als Zwischenwirte nutzen und die beim Verzehr von rohem oder ungenügend durchgegartem Fleisch auf den Menschen übergehen. Also wurden – wohl in der Laichzeit im Februar und März – Frösche gefangen und besonders deren Schenkel gegessen. Bon appétit!

*Froschschenkel-Knochen mit Verdauungsspuren aus Arbon-Bleiche 3 (CH)*

Knochenreste und besonders die gut erkennbaren Panzerbruchstücke der einheimischen Sumpfschildkröte *(Emys orbicularis)* finden sich ab und zu ebenfalls in den Siedlungsschichten, aber es bleibt unklar, ob die Tiere in der Suppe endeten oder nur das Schildpatt gewonnen wurde. Häufig belegt sind Biberknochen, viele

## Hochsommer

davon mit Schnittspuren. Wie man das Biberfleisch, das nach Reh schmeckt, wohl zubereitet hat? Im Knochenmaterial überproportional vertreten sind Biber-Unterkiefer. Glänzende Stellen am Knochen und Abnutzungsspuren an den Zähnen, die nicht vom Bäumenagen herrühren, beweisen, dass man die Unterkiefer als Werkzeuge, wohl zur Holzbearbeitung, verwendet hat.

*Ein Biberunterkiefer ist ein prächtiges Holzbearbeitungswerkzeug (Thayngen-Weier, CH)*

## Schwanenbraten und Enteneier

Wo Wasser ist, sind bestimmte Vogelarten nicht weit, die ebenfalls auf dem Teller der Pfahlbauer landeten. Das bezeugen die aufgefundenen Vogelknochen mit Schnitt- und Brandspuren, in einigen Fällen sogar mit Biss- und Verdauungsspuren von Mensch oder Tier. Am häufigsten gegessen wurden Stock- und Reiherenten, Zwergschwäne und Graugänse. Selten hingegen haben die Pfahlbauköche Kormoran zubereitet. Ernährungstechnisch hatten die Wasservögel aber noch mehr zu bieten. Da die Pfahlbauer noch kein Hausgeflügel kannten, mussten sie die Nester wilder Vögel plündern, um an Eier zu gelangen. Ab und zu finden sich noch Bruchstücke der fragilen Eierschalen in den Siedlungsschichten.

Erlegt wurden die Vögel mit besonderen Pfeilen, die ein stumpfes, breites Ende hatten, damit sie den Balg der Tiere nicht verletzten. Bevorzugte Jagdgebiete waren die geschützten Buchten mit ausgedehntem Flachwasserbereich. Während der meist zähe Schwanenbraten in historischer Zeit als Inbegriff einer luxuriösen Festtafel galt, ist der Verzehr anderer Wasservogelarten ein noch zweifelhafterer Genuss: Viele Wasservögel gründeln, das heißt, sie wühlen den Schlick am Seegrund auf der Suche nach Nahrung auf. Dem Fleisch dieser Vögel wird ein schlammiger, fischiger und traniger Geschmack nachgesagt. Zudem enthalten ihre Knochen Bitterstoffe. Alte Kochbücher empfehlen daher, zum Beispiel Blässhühner vor dem Kochen zwei bis vier Tage in Milch oder Essig einzulegen.

*Mit solchen stumpfen Vogelpfeilen hat man die Vögel vom Himmel geholt*

## Pflanze des Monats
### Wassernuss: Ernte vom Einbaum aus

Heute ist die Wassernuss *(Trapa natans)* in den Voralpenseen fast ausgestorben. Daher steht sie in Deutschland und der Schweiz auf der Roten Liste der gefährdeten Arten und ist streng geschützt. In der Pfahlbauerzeit war sie aber wortwörtlich in aller Munde. Die einjährige Wasserpflanze gedeiht in nährstoffreichen, flachen Gewässern, also genau dort, wo die Pfahlbauerinnen am liebsten wohnten. Allerdings ist das Weiderichgewächs etwas zimperlich, was die Wassertemperatur anbelangt: der Samen keimt erst bei 12 bis 15 Grad Celsius, für Wachstum und Blüte braucht die Pflanze sogar 20 Grad Celsius. Nach der Blüte im Juli und August entwickeln sich die Früchte, die man im September sehr einfach von einem Boot aus, zum Beispiel einem Einbaum, ernten kann.

In den Kulturschichten der Pfahlbauten sind Wassernüsse anhand von Schalenbruchstücken und als Pollen nachgewiesen. Die unverkennbare gezackte Form der harten Schale führt dazu, dass Archäobotanikerinnen die Reste auch anhand von kleinsten Fragmenten gut erkennen können. Unter der Schale versteckt sich ein weißer Kern, der Proteine und bis zu 50 % Stärke enthält. Roh ist die

Nuss nicht bekömmlich, aber man kann sie kochen oder rösten, dann soll sie wie Esskastanie schmecken. Zudem lässt sich aus Wassernüssen ein Mehl-Ersatz herstellen. Pro Hektar kann mit einem jährlichen Ernteertrag von 400 bis 500 Kilogramm Mehl gerechnet werden. Es wird davon ausgegangen, dass in der Pfahlbauzeit große Flächen der Seen mit den Rosetten von Wassernüssen bedeckt waren. Die damals im Überfluss vorhandene Wassernuss darf heute nicht mehr verkauft oder gesammelt werden, so dass man ersatzweise auf getrocknete Edelkastanien oder die asiatische Wasserkastanie ausweichen muss.

## Hochsommer

### Falsche Schildkrötenpastete

**Zutaten**

*Pastetenteig*
Mehl
Quark
Butter (weich)
Eier
Salz

*Pastetenfüllung*
Kalbsleber (gehäutet und von Gallengängen befreit)
Milch
Morcheln (frisch oder getrocknet)
Rindfleisch (Muskelfleisch, z. B. Rinderschulter)

*Schildkrötenfleisch schmeckt angeblich wie Rind, und die Leber wie Kalbsleber. So wird es in historischen Kochbüchern beschrieben, als der Verzehr von Schildkröten noch üblich und erlaubt war.*

**Zubereitung**

**Pastete:** Aus Mehl, Quark, reichlich weicher Butter und Salz einen geschmeidigen Teig formen || Mehrfach auswallen und falten. Kühl stellen || Kalbsleber in Milch einlegen. Falls getrocknete Morcheln verwendet werden, diese in lauwarmem Wasser einweichen; frische Morcheln gut von Erde und Sand reinigen || Rindfleisch in Stücke schneiden und in Butter scharf anbraten || Wasser zugießen und das Fleisch mit Salz und Thymian würzen. Lange köcheln lassen, bis das Fleisch faserig zerfällt. Nach Bedarf wei-

## Hochsommer

| | |
|---:|:---|
| Butter | teres Wasser zufügen ‖ Speck würfeln und in einer Bratpfanne erhitzen, um das Fett auszulassen. Die Speckwürfel beiseitestellen ‖ Im Speckfett die in Stücke geschnittene Leber kurz und scharf von allen Seiten anbraten ‖ In einem Mörser die Leber mit Salz zu einem Püree verarbeiten ‖ Die Morcheln in feine Ringe schneiden und in Butter weich dünsten ‖ Fein gehackte Kräuter mit Speck, Leber, Morcheln und dem zerteilten Rindfleisch vermengen ‖ Den gekühlten Butterteig erneut mehrfach auswallen und falten ‖ Den Teig halbfingerdick ausrollen und eine Kuchen- oder Auflaufform damit auslegen. Die Pastenfüllung auf dem Teig verteilen ‖ Einen Teigdeckel auflegen, z. B. aus geflochtenen Teigstreifen. Mit Eigelb bestreichen ‖ Im Ofen goldbraun backen. |
| Thymian | |
| Speck | |
| Saisonale Kräuter (z. B. Dost, Blutweiderich, Mädesüß) | |
| Salz | |
| Hopfenspitzen | |
| Triebe des Echten Hopfens *(Humulus lupulus)* | |
| Butter | |
| Dost | |
| Salz | |

**Hopfenspitzen:** Triebspitzen waschen ‖ In Salzwasser kochen oder in einer Bratpfanne in etwas Butter dünsten ‖ Butter bräunen, zum Schluss fein geschnittenen Dost beifügen und über die Hopfenspitzen gießen.

## Hochsommer

# Steckerlfisch mit Fladenbrot à l'Opéra

**Zutaten**
Steckerlfisch
Dost
Schafgarbe (am besten die jungen fiedrigen Blätter verwenden, die nach dem ersten Schnitt nachwachsen)
Knoblauchsrauke
Butter
Frische Fische
(z. B. Bodensee-Felchen)
Erbsenmus
Grüne Schälerbsen
Dinkelvollkornmehl
Leinöl

*Dieses Rezept folgt dem Prinzip »Es kommt immer der Fisch auf den Tisch, der ins Netz gegangen ist«. In diesem Fall waren das Bodenseefelchen* (Coregonus wartmanni), *die mit den Renken im Starnberger See verwandt sind. Dazu gibt es ein Erbsenmus, das durch die Zugabe von etwas Mehl und Öl eine sämig-cremige Konsistenz erhält, und ein echtes Pfahlbaubrot-Rezept, das auf Analysen eines verkohlten Brötchens aus der Grabung Parkhaus Opéra beruht.*

**Zubereitung** ①
**Steckerlfisch:** Viel Dost, einige fiederige Grundblätter der Schafgarbe und ein paar Knoblauchsraukenblätter fein schneiden und mit handwarmer Butter zu einer Paste vermengen || Fangfrische Felchen mit der Kräuter-Butter-Paste innen und außen einstreichen.

## Hochsommer

**Salz**
**Fladenbrot à l'Opéra**
Gerstenmehl
Weizenmehl
Selleriesamen
Salz

*Stecken (z. B. eine frisch geschnittene Haselrute)*
*Schnur oder ein Grashalm*

Felchen auf einen Holzstecken aufspießen. Dazu den angespitzten Stecken (z. B. eine frisch geschnittene Haselrute) beim Maul einführen und oberhalb der Schwanzflosse wieder ausführen. Im Gegensatz zu unserem Versuch (Bild unten) ist der Fisch dann gerade und wird gleichmäßig gegart || Über offener Glut grillen, bis die Fische gar sind || Heiß servieren.

**Erbsenmus:** Erbsen über Nacht einweichen || Eingeweichte Erbsen in ausreichend Flüssigkeit weich kochen || Dinkelvollkornmehl zufügen und alles zu einem dicken Brei zerdrücken || Mit Leinöl und Salz abschmecken.

**Fladenbrot à l'Opéra:** Beide Mehle vermischen || Wasser, wenig Selleriesamen und etwas Salz zufügen und kurz verkneten || Den Teig ruhen lassen || Portionenweise kleine, etwa daumendicke Fladen zwischen den Händen formen || Mit den Fingern ein Loch hineindrücken || Die Fladenbrote backen.

Hochsommer

# Wassernuss-Linsen-Eintopf

### Zutaten
Linsen (grün, braun oder schwarz)
Getrocknete Edelkastanien
Rindfleisch am Stück
Specktranchen
Thymian
Sauerampferblüten
Wirbeldost
Salz

Geröstete Wassernüsse schmecken angeblich ähnlich wie die süßlichen Edelkastanien. Vom römischen Feinschmecker Apicius ist ein Rezept mit Linsen und Kastanien aus dem 1. Jahrhundert v. Chr. überliefert. Fischsoße, Essig, Honig und viele Kräuter verleihen dem Gericht Geschmackstiefe. Das Spiel mit süß-sauren Aromen und die Kombination von Kastanien mit Linsen werden hier zutatentechnisch in die Pfahlbauzeit transferiert.

### Zubereitung
Linsen und Kastanien separat über Nacht einweichen || Das Fleisch salzen, in Specktranchen einwickeln, ein Bündel Thymian dazwischen stecken und alles mit einer Schnur oder einem Grashalm verschnüren || Linsen in einen Topf mit kaltem Was-

**Tipp:** Beim Kochen mit Tontöpfen auf offenem Feuer gibt es drei wichtige Regeln: 1. Nie einen leeren Topf im Feuer erhitzen und dann Wasser einfüllen. 2. Die Kochkelle nicht am Rand abklopfen. 3. Den Topf mit beiden Händen und nicht am Rand hochheben.

Hochsommer

ser geben. Nicht salzen || Den Topf ins Feuer stellen. Wenn das Wasser kocht, das verschnürte Fleisch obenauf legen || Wenn die Linsen halbgar sind, die Kastanien zufügen || Gegen Ende der Kochzeit Sauerampferblüten und Wirbeldost zugeben || Köcheln, bis die Linsen und die Kastanien gar sind und das Fleisch zart ist || Das Fleisch aufschneiden und auf der Linsen-Kastanien-Mischung servieren.

Hochsommer

## Ente mit Brombeersoße

**Zutaten**
Entenbrust
4 Handvoll Brombeeren
Honig
Essig (z. B. Apfelessig)
Kräuter (z. B. Thymian)
Saisonale Wildpflanzen
(z. B. Ackerrettich-Keimlinge)

*Aus der Pfahlbauzeit sind keine domestizierten Vogelarten bekannt – dennoch kamen Vögel regelmäßig auf den Tisch. Da die Pfahlbauten am Wasser lagen, waren es häufig Wasservögel. Vor allem die Tafelente (Aythya ferina), deren heutiger Name noch immer auf die frühere Fleischnutzung hinweist.*

**Zubereitung**

Den Ofen auf 90 °C vorheizen || Die Fettschicht der Entenbrust rhombenförmig einschneiden und mit der Fettschicht nach unten in einer leer erhitzten Bratpfanne bei großer Hitze ohne Fett goldbraun anbraten || Wenden und kurz fertig braten, dann etwa 15 Min. in den Ofen geben || Die Brombeeren in einer Pfanne langsam erhitzen und quetschen, mit Honig süßen, aufkochen und mit etwas Essig ablöschen || Nach Belieben Kräuter und Wildpflanzen beigeben.

 Hochsommer

Spätsommer

# Das große Krabbeln

*Heute wissen wir, dass die Lebenswirklichkeit der Pfahlbauerinnen nicht dem romantischen Bild entsprach, das die frühe Pfahlbauforschung von ihnen zeichnete und das Generationen von Schulkindern vermittelt bekamen. Die Pfahlbauten standen im stinkenden Müll und Unrat von Mensch und Tier. Überall schwirrten Fliegen und krabbelten Käfer. Zudem litt man unter Krankheiten, die von Parasiten übertragen werden. Was für uns heute sehr unhygienisch klingt, war bis in die Neuzeit für viele Menschen Alltag: Das Nebeneinander von Mensch, Tier, Müll und Fäkalien führte immer wieder zu Parasitenbefall und zu Cholera- und Ruhr-Ausbrüchen in den dicht besiedelten Städten. Die Pfahlbauer hatten immerhin den See vor der Haustür – ob sie darin gebadet haben, ist allerdings nicht mehr herauszufinden.*

*Mensch und Tier auf engstem Raum im Modell der Moorsiedlung von Thayngen-Weier (CH)*

## Bring mal den Müll raus!

Für die Entsorgung des Hausmülls ging man meist den kürzesten Weg: Essensreste, kaputtes Geschirr, abgenagte Knochen, Asche vom Herdfeuer und vieles mehr warf man direkt in die Gassen zwischen den Häusern oder einfach unter die auf Pfählen stehenden Gebäude. Bei hohem Wasserstand wurde das Ganze ab und zu in den See gespült; dennoch bildeten sich häufig richtige Abfallhaufen. In Seen ohne große Pegelschwankungen oder Mooren sind auf diese Weise manchmal bis zu einen Meter dicke Kulturschichten entstanden, in denen der Müll von einem Jahrhundert Siedlungstätigkeit enthalten ist.

*Unterwasserarchäologinnen graben den Müll der Pfahlbauer aus*

Die Müllberge von damals sind heute ein Glücksfall für die archäologische Forschung. Für die Pfahlbauer und ihre Umwelt stellten sie dagegen eine Belastung dar. Die Anreicherung von Nährstoffen beförderte das Wachstum von Algen und anderen Wasserpflanzen, bis hin zur Algenblüte oder zum Umkippen ganzer Gewässer. Naturwissenschaftliche Untersuchungen von Insektenresten sowie Ufer- und Wasserpflanzen aus Pfahlbausiedlungen zeigen eine starke Zunahme von Arten, die gut mit nährstoffreichen Bedingungen zurechtkommen. Je länger ein Dorf bestand und je mehr Einwohnerinnen es hatte, desto größer waren die Auswirkungen der Menschen und ihrer Haustiere auf die Ökosysteme. Kleine Seen konnten im Ganzen davon betroffen sein, bei größeren Gewässern waren es vermutlich nur die besiedelten Buchten. Wasserverschmutzung und stinkende Müllhaufen dürften zu den Gründen gehört haben, warum die Pfahlbauer jeweils nach wenigen Jahrzehnten ihre Dörfer verließen und an einem anderen, sauberen Uferabschnitt neue Häuser errichteten.

## *Es kreucht und fleucht im Pfahlbau*

Dank der außerordentlich guten Erhaltungsbedingungen haben sich in den jahrtausendealten Kulturschichten auch die winzigen

## Spätsommer

und fragilen Reste von Insekten und Parasiten erhalten. Moderne Untersuchungen von Grabungen der letzten Jahre, zum Beispiel für das Parkhaus Opéra in Zürich (CH), erlauben einen neuen Blick auf Gesundheit und Hygiene bei den Pfahlbauerinnen. Dort wurden fast 15.000 sogenannte Wirbellosenreste (Invertebraten) nachgewiesen, darunter vor allem Insekten, Milben, Fliegen, Larven und Käfer. Insgesamt gelang der Nachweis von 21 Käferarten, außerdem Zuckmücken, Fliegen, Köcherfliegen, Schlammfliegen, Moostierchen, Hornmilben, Tausendfüßlern und Spinnentieren. All diese Krabbelviecher bewohnen ganz bestimmte Habitate; auffallend viele davon bevorzugen Dung, der sich zersetzt, verrottende Pflanzen oder Aas.

*Verkohlte Fliegenlarven aus der Pfahlbaufundstelle Thayngen-Weier (CH)*

Auch die Gemeine Stubenfliege *(Musca domesticus)* schwirrte durch die Pfahlbaudörfer. Sie ist ein Kulturfolger, ein sogenanntes Archäozoon, und kam mit der Neolithisierung aus subtropischen Regionen nach Mitteleuropa. Diese Fliegen legen ihre Eier bevorzugt in Mist. Bei idealen Verhältnissen (über 20 Grad, ausreichend Mist und mindestens 10 Tage Reifezeit) schaffen sie 10 bis 15 Generationen in einem Jahr. Indirekt erzählen sie somit viel über die damals (un)hygienischen Zustände.

### Der Bandwurm isst mit

Die Kombination von Mist, Feuchtigkeit, Ungeziefer und Nahrungszubereitung blieb nicht ohne Folgen für die Gesundheit von Menschen und Tieren. Wiederum gelingt dank der Grabungen für das Parkhaus Opéra ein tiefer Einblick ins Leben der Pfahlbauer, diesmal in ihr Gedärm: Peitschenwurm, Spulwurm, Fischbandwurm, Echter Bandwurm, Hundebandwurm und Leberegel führten zu Bauchschmerzen, Durchfall, Übelkeit, Allergien, Leberschmerzen oder Fieber bei den Menschen, die ihre Parasiten mit jeder Nahrungsaufnahme mitfütterten. Am häufigsten sind Fadenwürmer. Sie befallen Menschen und Tiere über Eier auf Pflanzennahrung, die mit Mist gedüngt ist. Die Auswirkungen der im Darm lebenden, bis zu 40 Zentimeter langen Würmer reichen von Müdigkeit bis zu

Blutarmut. Ebenfalls häufig ist der Fischbandwurm *(Diphyllobothrium)*. Den fingen sich die Pfahlbauerinnen mit nicht durchgegartem Fisch ein. Trotz der beachtlichen Länge von 8 bis 12 Metern und einem täglichen Zuwachs von 9 bis 15 Zentimetern kann der Parasit unbemerkt bis zu 25 Jahre im Darm leben. Da er dort Vitamin B12 absorbiert, kann es in schweren Fällen zu Anämie (Blutarmut) kommen.

Die Pfahlbauer waren den Parasiten nicht ganz wehrlos ausgeliefert. Etliche Pflanzen wie Beifuß, Johanniskraut oder Echter Thymian sind wirksam gegen sie und lindern die Beschwerden. Kein Wunder, dass sie über Makroreste oder Pollen in Pfahlbaufundstellen nachgewiesen werden können. Der Wurmfarn *(Dryopteris filix-mas)* verweist mit seinem Namen bereits auf die Verwendung: Die Wurzel wirkt effektiv gegen Wurmbefall, ist aber schwierig zu handhaben. Bei falscher Dosierung und Anwendung kann die Einnahme der Pflanze zu schweren Vergiftungen mit Erblindung bis hin zum Tod führen. Auch Ötzi hatte nachweislich Parasiten: Peitschenwürmer und Bakterien der Art *Helicobacter pylori*, die zu Magenschleimhautentzündungen führen können. In seinem Magen fand man – neben der letzten Mahlzeit – Reste von Adlerfarn. Forscher halten es für möglich, dass Ötzi bewusst kleine Mengen des giftigen Farns gegessen hat, um die Magenbeschwerden zu lindern, die er durch den Wurmbefall hatte.

*Klein und schädlich: Parasitenei aus Sipplingen-Osthafen (D)*

## Gebratene Larven zum Apéro?

Insekten haben die Pfahlbauer geplagt. Aber hat man sie auch genutzt? Der Verzehr von Käfern, Maden, Larven, Ameisen, Spinnen oder Bienen ist bis heute in vielen Weltengegenden gang und gäbe. Leider fand sich bislang kein Kochtopf mit angebrannten Heuschrecken oder ein Kothäufchen mit Resten der Chitinhüllen von Maikäfern. Dies wäre ein schlagkräftiger Beweis. So können wir vorerst nur ein paar hypothetische Überlegungen zum Insektenverzehr in der Pfahlbauzeit anstellen.

## Spätsommer

Seit wenigen Jahren kann man in großen Lebensmittelläden oder im Internet Heuschrecken, Grillen und Mehlwürmer zum Verzehr erwerben. Der Mehlwurm, eigentlich die Larve des Mehlkäfers, ist in den Pfahlbauten nicht nachgewiesen. Die Larven der damals bekannten Getreideschädlinge sind deutlich kleiner und verstecken sich erst noch in den befallenen Körnern. Zumindest unbeabsichtigt dürften diese also im Pfahlbaueintopf gelandet sein. Auch für Heuschrecken und Grillen, von denen es etliche einheimische Arten gibt, liegen uns keine Belege aus Pfahlbaufundstellen vor.

*Gebratene Heuschrecken als kleiner Snack oder für den Apéro?*

Bis in die 1940er Jahre haben alle drei bis vier Jahre Maikäferschwärme ganze Laubwälder kahlgefressen. Sie schwächten dabei die Bäume so stark, dass diese nur wenig Holz bildeten, was sich in einem schmalen Jahrring äußerte. Dendrochronologen können Jahrtausende später nicht nur das Alter der Hölzer bestimmen; anhand von regelmäßig auftretenden dünnen Jahrringen konnten sie beispielsweise ermitteln, dass im Frühjahr 3921 v. Chr. am Bodensee Abertausende Maikäfer ausschwärmten. Bauhölzer aus den zeitgleichen Pfahlbaufundstellen Hornstaad-Hörnle (D), Sipplingen-Osthafen (D) und Bodman-Weiler (D) verzeichnen für dieses Jahr einen sehr geringen Zuwachs. Da liegt die Frage nahe, ob diese Schädlinge in der Suppe landeten; schließlich galten sie noch im 19. Jahrhundert als Delikatesse.

**Pflanze des Monats**

## Leindotter: Vom Unkraut zur Kulturpflanze

Der Leindotter *(Camelina sativa)* gehört wie Raps zur Familie der Kreuzblütengewächse. Er heißt so, weil er früher vor allem auf Leinfeldern als »Unkraut« wuchs und seine Samen ein eidottergelbes Öl ergeben. Leindotter gedeiht auch auf Ruderalflächen oder an Wegrändern und bevorzugt mäßig feuchte, nährstoffreiche Böden in sonniger Lage. Daher und dank seiner kurzen Wachstumszeit ist Leindotter als Zwischenfrucht geeignet. Heute baut man ihn zudem in Mischkultur mit Futtereiweißerbse, Gerste oder Hirse an.

In den Pfahlbauten ist Leindotter häufig nachgewiesen, auch als Vorratsfund. Ob er gezielt angebaut oder im Leinfeld nur toleriert wurde, ist nicht sicher. Auf jeden Fall wurde er gerne gegessen; denn sonst hätte man die Pflanze nicht bevorratet. Die Samen enthalten bis zu 40 % Öl, das einen sehr hohen Anteil an ungesättigten Fettsäuren besitzt. Sie können als Zutat für Brot und Getreidebrei verwendet oder zu Öl verarbeitet werden.

## Spätsommer

# Pfahlbau-Sushi

**Zutaten**

Baumblätter (Sommerlinde oder Haselnuss)
Steinpilze (frisch oder getrocknet)
Honig
Hirse
Essig
Knoblauchsrauke (grüne Schoten oder Samen)
Leindotteröl
Fischfilet (z. B. Saibling, Egli, Forelle)
Salz

*Sushi-Köche dürfte bei diesem Rezept das Entsetzen packen. Die hohe Kunst der Zubereitung dieses japanischen Gerichtes neu interpretiert und dann auch noch in eine urgeschichtliche mitteleuropäische Pfahlbausiedlung transferiert! Nun denn: Die Liebe zu frischem Fisch ist beiden Kulturen eigen.*

**Zubereitung**

Frisch gepflückte Baumblätter waschen || In kochendem Wasser blanchieren. Die Haselnussblätter brauchen deutlich länger als die Lindenblätter. Dann in kaltem Wasser abschrecken und abtropfen lassen || Die getrockneten Steinpilze erst einweichen, dann in wenig Wasser mit Honig und Salz lange köcheln lassen. Pilze aus der Pfanne nehmen und den Sud reduzieren. Durch ein Tuch oder ein feines Sieb fil-

tern || Hirse in Wasser gut garkochen und abkühlen lassen. Salzen und ein wenig Essig untermischen || Die Schoten oder Samen der Knoblauchsrauke in einem Mörser mit Öl und Salz zu einem Brei zerstampfen. Faserige Teile der Schoten entfernen || Vom Fischfilet Haut und Gräten entfernen. In daumendicke Streifen schneiden || Baumblätter auf einem Brett ausbreiten. Hirse flach daraufstreichen. Mit Knoblauchsrauken-Masse bestreichen und ein Stück Fisch darauflegen || Die belegten Baumblätter aufwickeln und in Stücke schneiden || Auf einem Teller drapieren und mit Steinpilzsud beträufeln.

# Grillen mit Erbsenpüree und Möhrenkrautpesto

**Zutaten**

*Erbsenpüree*
Frische **Saubohnen** (Dicke Bohne, Pferdebohne)
Frische **Erbsen** (Palerbse, Erbsensuppen-Erbse)
Butter
Salz

*Grillen*
**Grillen** (gefriergetrocknet)
Butter

*Möhrenkraut-Pesto*
**Wilde Möhre** (Kraut)
Haselnüsse
Mohnöl
Salz

*Frisch gepflückte grüne Samen der Saubohne. Dazu ein paar Grillen, in Butter knusprig angebraten. Und als Würze: Möhrenkraut. Das wächst auf brachliegenden Feldern und ist dank seiner charakteristischen weißen Blütendolden mit einer einzelnen purpurnen Blüte in der Mitte leicht zu erkennen. Mit den letzten Haselnüssen vom Vorjahr und etwas Mohnöl entsteht daraus im Mörser ein leckerer Pesto.*

**Zubereitung**

**Erbsenpüree:** Saubohnen und Erbsen aus den Hülsen pulen. Die Hüllen der Saubohnen entfernen || Bohnen und Erbsen zusammen in ungesalzenem Wasser weich kochen || Abgießen und mit einem Kartoffelstampfer oder im Mixer pürieren || Mit Butter und Salz abschmecken.

**Tipp:** Die Wilde Möhre gehört zur Familie der Doldenblütler, die einige giftige Vertreter hat. Spätestens während der Blüte ist sie jedoch eindeutig an der purpurnen, fast schwarzen Scheinblüte im Zentrum der Dolden zu erkennen.

Spätsommer

**Grillen:** Die Grillen in lauwarmem Wasser einweichen. In einem Sieb abtropfen lassen || In einer Bratpfanne Butter schmelzen und die Grillen darin knusprig braten.

**Möhrenkraut-Pesto:** Das Möhrenkraut klein schneiden. In einem Mörser zusammen mit Haselnüssen, Mohnöl und Salz zu einer Paste verarbeiten || Die Grillen auf dem Püree zusammen mit dem Möhrenkrautpesto anrichten.

## Spätsommer

# Geräuchertes Forellentatar

**Zutaten**

Haselnussbrötchen
Sauerteig-Anstellgut
Mehl
Gemahlene Haselnüsse
Honig
Salz

Forellentatar
Himbeeren
Apfelessig
Honig
Brunnenkressenöl oder
Leinöl mit Brunnenkresse
Geräucherte Forellenfilets
Salz

*Räuchern ist eine gute Methode, um Fisch nicht nur haltbarer zu machen, sondern ihm auch eigene Geschmacksnoten zu verleihen. Geräuchert wird heiß oder kalt, besonders Kreative fügen der Glut Kräuter oder andere Geschmacksnoten zu. Für das vorliegende Rezept wurde über Buchenholz sanft geräucherte Forelle verwendet.*

**Zubereitung** ①

**Haselnussbrötchen:** Für die Brötchen am Vortag das Sauerteig-Anstellgut in einer Schüssel mit Mehl und Wasser verrühren und zugedeckt über Nacht aufgehen lassen || Am nächsten Morgen Wasser, Mehl, gemahlene Haselnüsse, etwas Honig und ein wenig Salz zum angesetzten Sauerteig geben und alles gründlich verkneten || Nochmals mehrere Stunden aufgehen

lassen || Etwa faustgroße Kugeln formen, auf ein mit Backpapier belegtes Blech legen und – während der Backofen auf 220 Grad (Umluft) aufheizt – nochmals kurz aufgehen lassen || Dann im Ofen backen, bis die Oberfläche eine bräunliche Färbung annimmt.

**Forellentatar:** Die Himbeeren mit einem Schuss Apfelessig und etwas Honig aufkochen, bis die Beeren zerkocht sind. Abkühlen lassen. Petersilie mit Leinöl und Salz mixen || Die geräucherte Forelle klein schneiden und mit der Himbeer-Salsa und dem Brunnenkressenöl anrichten, dazu ein ofenwarmes Haselnussbrötchen, fertig.

# Spätsommer

## Pfahlbau-Pizza

**Zutaten**
Vollkornmehl
Sauerteig-Anstellgut
Erdbeeren
Frische **Kräuter**
(z. B. Thymian, Dost)
**Ricotta** oder **Frischkäse**
**Wildgemüse** (z. B. Hopfenspitzen, Blätter von Brennnesseln, Rainkohl oder Dost)
Nach Belieben weitere Zutaten wie **Heuschrecken, Grillen, Speck** oder **Vogelei**
Salz

*Wie sähe wohl eine Pizza aus, die man in der Jungsteinzeit und Bronzezeit per Einbaum beim Row-in für das rasche Mittagessen zwischen Kühehüten und Getreideernten holen ging? Bei der Tomatensoße jedenfalls gab es Schwierigkeiten. Sie folgte erst mit mehr als 5.000 Jahren Lieferverzögerung. Da es damals wohl noch keine Deklarationspflicht gab, wird den Kunden stattdessen Erdbeerpüree untergejubelt.*

### Zubereitung

Das Mehl mit Anstellgut und Wasser ansetzen. Gehen lassen, bis der Teig Blasen wirft || Weiteres Mehl und Salz zufügen. Den Teig gut kneten, bis er geschmeidig ist. Abgedeckt aufgehen lassen || Die Erdbeeren mit Salz und Kräutern mixen || Den Teig portionenweise dünn auswallen || Den Teig mit Erdbeerpüree

bestreichen. Mit Ricotta oder Frischkäsenocken, Blättern, Kräutern oder weiteren Zutaten belegen || Im Ofen, auf der Backplatte oder einem heißen Stein backen || Heiß servieren.

Frühherbst

# Licht in den Urwald

*Zur Pfahlbauzeit bestand Mitteleuropa hauptsächlich aus Wald. Ohne Wald gäbe es keine Pfahlbauten. Auch sonst nutzten die Menschen den Wald als großen Baumarkt und als Lebensmittelgeschäft. Kulinarisch hat der Wald besonders in den späten Sommermonaten viel zu bieten. Wer die richtigen Stellen kannte, konnte Beeren direkt vom Strauch naschen oder körbeweise Wildäpfel für den Wintervorrat sammeln. Und von den vielen Baumarten sind zahlreiche Bestandteile auch in der Küche verwendbar.*

*Ein kleines Getreidefeld zwischen Wiesen und Bäumen*

## Vom finsteren Urwald zum Obstgarten

Es braucht viel Vorstellungskraft, um sich das heute dicht besiedelte Alpenvorland als Urwald vorzustellen. Bis vor 7.000 Jahren prägten jedoch dichte und dunkle Buchen-Mischwälder die Gegend. Der Unterschied zu unseren heutigen aufgeräumten Kulturlandschaften mit der Aufteilung in Siedlungsgebiet, Landwirtschaftsland und Nutzwald könnte nicht größer sein. Wie Inseln lagen die Siedlungen damals im Wald, umgeben von kleinen, gerodeten Flächen. Doch mit der Zeit griffen die Menschen immer mehr in diesen Urwald ein, schlugen Holz für ihre Häuser, trieben die Tiere zum Weiden in den Wald und rodeten diesen durch Feuer. So schufen sie eine Vielzahl von offenen und halboffenen Flächen, auf denen sich lichtliebende nutzbare Pflanzen wie Erdbeeren, Brombeeren, Holunder, Haselnüsse und vieles mehr ausbreiten konnten.

Auch der Wald selbst wurde allmählich zu einem Nutzwald umgebaut, aus dem Bauholz, Brennholz, Viehfutter, Rohmaterial für Kleidung oder Gefäße (Bast, Rinde) und Nahrungsmittel entnommen werden konnten. Essbar sind nicht nur Pilze, Bucheckern und Eicheln, sondern auch Blätter und Keimlinge, zum Beispiel von Buchen. Buchenblätter gelten sogar als entzündungshemmend und wurden bei Zahnfleischproblemen zerkaut oder bei Geschwüren als Wundauflagen genutzt. Noch in historischer Zeit haben die Menschen gebündelte Buchenzweige als Winterfutter für das Vieh getrocknet, was angeblich auch die Milchleistung steigerte. Da Buchenlaub nur langsam zerfällt, hat man es auch als Einstreu bei der Stallhaltung und als Matratzenfüllung verwendet. In Olzreute-Enzisholz (D), einer Seeufersiedlung in Oberschwaben, wurden Buchenblätter-Lagen auf dem Bretterboden eines Wohnhauses gefunden.

*Bucheckerschale aus Arbon-Bleiche 3 (CH)*

## *Pfahlbauers Fruchtschale*

Die Pfahlbauer schufen durch die Bewirtschaftung der Wälder ihren eigenen wilden Obstgarten, in dem aufgrund des milden Klimas rund um die großen Voralpenseen das ganze Jahr über vitaminreiche Früchte gesammelt werden konnten. Viele Pflanzenarten mit essbaren Früchten profitierten besonders von den Auflichtungsaktivitäten von Mensch und Tier im Wald; denn in Lichtungen, an Waldrändern und in Hecken wachsen Schlehen, Vogelbeeren, Hundsrosen, Beeren oder Holunder besonders gerne.

Wenn Archäobotanikerinnen in Erdproben große Mengen der winzigen Kerne von Erd-, Brom- und Himbeeren finden, wissen sie, dass sie soeben einen Kothaufen untersuchen. Zudem können sie ziemlich genau bestimmen, zu welcher Jahreszeit dieser entstand. Denn die kaum lagerfähigen Beeren hat man sicher nur im Sommer frisch verzehrt. Aber auch die einheimischen Früchte der Lampionblume, beziehungsweise Physalis *(Physalis alkekengi)*, Hagebutten *(Rosa)*, Holunder *(Sambucus nigra)* oder Kratzbeeren *(Rubus caesius)* sind über die Kerne häufig nachgewiesen. Seltener finden sich Reste von Traubenkirsche *(Prunus padus)*, Kornelkirsche *(Cornus mas)*, Rotem Hartriegel *(Cornus sanguinea)*, Wacholder *(Juniperus communis)* oder Felsenkirsche *(Prunus mahaleb)*. In warmen Jahren konnte man schon im April Walderdbeeren ernten, und bis in den Herbst hinein reiften Himbeeren, Holunder, Heidelbeeren, Kornelkirsche und vieles mehr. Noch im Oktober lassen sich reife Brombeeren *(Rubus fruticosus* agg.*)* oder Roter Hartriegel *(Cornus sanguinea)* finden, und Schlehen *(Prunus spinosa)* sind sogar erst nach dem ersten Frost genießbar. Auch Hagebutten schmecken gefrostet besser als vorher, denn dann werden sie weich und süßlich, und die Haare im Inneren kitzeln nicht mehr so stark. Die knallorangen Physalis-Früchte hängen in milden Wintern noch im Januar frisch an den schon fast verdorrten Pflanzenstängeln.

*Vom Genuss vieler Brombeeren bleiben noch viel mehr Samen übrig (Thayngen-Weier, CH)*

Haselnuss-Haine oder Schlehenbüsche haben die Pfahlbauer sicher gehegt und gepflegt; denn Schlehenbüsche brauchen zehn Jahre, bis sie zum ersten Mal Früchte tragen. Manche Arten hat

Frühherbst

man vielleicht sogar gezielt gepflanzt. So gehört der Wild- oder Holzapfel *(Malus sylvestris)* in naturnahen Wäldern zu den seltensten Baumarten. Dennoch sind Apfelreste in Pfahlbauten regelmäßig in sehr großen Mengen nachgewiesen. Wenn sie durch Schadfeuer verkohlen, können die halbierten Äpfelchen perfekt erhalten bleiben; bis hin zur schrumpeligen Haut und den glänzenden Kernen. Offensichtlich wurden sie gedarrt und als Vorrat für den Winter aufbewahrt. Der Name verrät, dass dieser Apfel – zumindest frisch gegessen – kein Genuss ist. Die Bäume tragen kleine, gelbgrüne Früchte, die roh bitter-herb schmecken und im Mund ein pelziges Gefühl hinterlassen. Kochen oder Dörren macht sie aber genießbar.

*Jungsteinzeitliche und heutige, getrocknete Wildäpfel*

## Kaugummi mit Teergeschmack

Baumrinde lässt sich nicht nur zu Gefäßen verarbeiten, sondern eignet sich auch als Nahrungsmittel. Man konnte sie daher in Notzeiten geröstet und gemahlen zum Strecken von Mehl verwenden. Das wichtigste Rinden-Produkt aus dem steinzeitlichen Chemielabor war aber Teer oder Pech aus Birkenrinde, der erste vom Menschen chemisch hergestellte Kunststoff. Er kann mit Hilfe der sogenannten trockenen Destillation (Pyrolyse) hergestellt werden, bei der man die äußere, weiße Rinde der Birke unter Luftabschluss auf rund 400 Grad Celsius erhitzt. Die schwarze, klebrige Masse, die dabei

## Frühherbst

entsteht, ist Birkenpech oder in flüssiger Reinform Birkenteer. Man bewahrte sie in Töpfen oder zu Kugeln geformt auf. Aus der Pfahlbaufundstelle Bodman-Weiler (D) stammt eine Keramikscherbe mit anhaftendem Birkenteer. Spatelspuren zeigen, dass die erwärmte Masse mit einem Holzspatel aus dem Gefäß geholt wurde.

*Birkenteerkaugummi mit Zahnabdrücken aus Hornstaad-Hörnle (D)*

Mit Birkenpech lässt sich fast alles kleben: kaputte Töpfe, Steinklingen in Werkzeuggriffe oder Federn in einen Pfeilschaft. Selbst Holzgefäße und Einbäume kann man damit abdichten. Archäologinnen finden in den Pfahlbauten außerdem immer wieder kleine Birkenpechbrocken mit Zahnabdrücken. Sie sehen aus wie ausgespuckte, schwarze Kaugummis. Birkenpech schmeckt süßlich würzig-aromatisch. Zudem enthält die verschwelte Birkenrinde Betulin, einen entzündungshemmenden Stoff, der vielleicht Zahnschmerzen gelindert hat. Experimente haben aber auch gezeigt, dass man frisch hergestelltes Birkenpech, das noch Holzkohlestückchen und Asche enthält, am besten durch Kauen reinigt. Die zunächst klumpige Masse knetet man im Mund, feste Bestandteile schluckt man oder spuckt sie aus, und zurück bleibt der reine Klebstoff.

Vor einigen Jahren entdeckte man, dass sich Erbgut in Birkenpech-Kaugummis gut erhält; nicht nur dasjenige der kauenden Person, sondern auch die DNA der Mundflora und im Idealfall sogar der zuletzt gegessenen Mahlzeit. Ein Kaugummi aus einer fast 6.000 Jahre alten Fundstelle in Dänemark wurde von einer Frau gekaut, die vorher Enten- und Aalfleisch gegessen hatte. Erste Untersuchungen an Kaugummis aus Pfahlbaudörfern sind bereits in Arbeit. Wir sind sehr gespannt auf all die Details zu einzelnen Menschen und ihrer Ernährung in der Jungsteinzeit und Bronzezeit, die von den Analysen zu erwarten sind.

## Pflanze des Monats
### Brombeere: Nicht nur zum Naschen da

Die Pfahlbauer liebten die süßen Früchte von Erd-, Him- und Brombeere. Das belegen Tausende von Samen, die botanisch korrekt Steinfrüchtchen oder Nüsschen heißen. Die Wildform der Brombeere *(Fragaria vesca)* wächst auf sonnigen Waldlichtungen oder zwischen locker stehenden Nadel- und Laubbäumen. Sie ist daher ein Hinweis auf intensive Waldnutzung und Brandrodung durch die Pfahlbauerinnen.

In diesen Wäldern weidete auch das Vieh und fraß – wohl gerade in der kalten Jahreszeit – Brombeerblätter, die das ganze Jahr über an den Ranken wachsen; denn in Tierexkrementen aus Pfahlbausiedlungen haben Archäobotanikerinnen Stacheln von Brombeeren gefunden. Durch den Verbiss waren die Pflanzen in ihrem Wachstum gehemmt und produzierten weniger Früchte im nächsten Jahr. So jedenfalls wird erklärt, weshalb man in Kulturschichten mehr Himbeeren als Brombeeren findet, denn Himbeersträucher sind im Winter kahl. Bei den Brombeeren mussten sich die Pfahlbauerinnen entscheiden, ob sie im Sommer Beeren naschen oder im Winter satte Tiere haben wollten.

Frühherbst

## Bratäpfel mit Haselnussmarzipan

**Zutaten**
Säuerliche Äpfel
Haselnüsse
Honig
Schlehen

Während wir heutzutage für Bratäpfel bevorzugt große Boskoop-Äpfel verwenden, standen den Pfahlbauerinnen nur die kleinen, herben Wildäpfel zur Verfügung. Gefüllt mit der honigsüßen Nussmasse kann man diese in einem Happen verspeisen.

**Zubereitung**
Das Kerngehäuse der Äpfel ausstechen || Sehr fein gemahlene Haselnüsse mit Honig vermischen und die Äpfel damit füllen || Mit einer Schlehenbeere das Füllloch schließen || Im Ofen in einer mit wenig Wasser befüllten Form backen, bis die Äpfel mürbe sind.

**Tipp:** Am Waldrand findet man da und dort einen wilden Apfelbaum mit kleinen, herben Äpfeln. Diese kommen dem Geschmack der Pfahlbauer-Äpfel am nächsten.

Frühherbst

# Reizker mit Kräuter-Fladenbrot

**Zutaten**

Reizker
Frische Fichten-Reizker
Butterschmalz
Samen der Knoblauchsrauke
Salz

Fladenbrot
Frische Wildkräuter (z. B. Thymian und Dost)
Emmer-(Vollkorn)-Mehl
Leindotteröl
Salz

*Fichten-Reizker sind eigentlich nichts Besonderes, schmecken aber ganz wunderbar, wenn man sie nach dem Anbraten mit gemörserten Samen der Knoblauchsrauke würzt.*

**Zubereitung**

**Reizker:** Fichten-Reizker putzen und Stiele abschneiden ‖ Kappen der Reizker auf beiden Seiten in Butterschmalz anbraten ‖ Reizker mit gemörserten Samen der Knoblauchsrauke und fein zerstoßenem Salz würzen ‖ Heiß mit noch warmem Fladenbrot servieren.

**Fladenbrot:** Frische Wildkräuter klein schneiden oder hacken ‖ Aus Emmer Mehl, Öl, Wasser, etwas Salz und reichlich fein gehackten Wildkräutern einen Teig kneten ‖ Dünne Fladen formen und auf einer Backplatte, in einem Kuppelofen oder auf in der Glut erhitzten Steinen backen.

**Tipp:** Die Fichten-Reizker wachsen an feuchten Stellen. Es bietet sich daher an, sie vor Ort mit Moos oder Gras vom gröbsten Schmutz zu befreien.

Frühherbst

## Wildschwein mit Holunderbeeren

**Zutaten**
Holunderbeeren
Saure Äpfel
Honig
Eierschwämme/
Pfifferlinge
Butterschmalz (Ghee)
Saisonale Kräuter
(z. B. Dost)
Speckwürfel
Wildschweinschnitzel
Schweineblut

Wildschweinschnitzel mit honiggesüßten Holunderbeeren, kombiniert mit Eierschwämmen: Abgesehen vom Butterschmalz, in dem sie gebraten werden, entspricht dieses Rezept den Grundsätzen der Paläo-Diät. Es enthält nur Lebensmittel, die schon in der Altsteinzeit verfügbar waren. Aber auch grillbegeisterte Pfahlbauer können dieses Rezept genossen haben.

**Zubereitung**
Die frisch gepflückten Holunderbeeren von den Rispen streifen. Grüne und vertrocknete Beeren nicht verwenden || Die Holunderbeeren mit den geviertelten Äpfeln in etwas Wasser und Honig weich kochen || Die Eierschwämme mit einem Pinsel reinigen || Reichlich Butterschmalz erhitzen und die Eierschwämme darin dünsten. Mit Salz und fein gehack-

ten Kräutern verfeinern || Die Speckwürfel braten. Das ausgetretene Fett in der Pfanne belassen, die knusprigen Speckwürfel beiseitestellen || Auf hoher Hitze die gesalzenen Wildschweinschnitzel auf beiden Seiten kurz braten und dann warm stellen || Die Pfanne etwas abkühlen lassen. Mit dem Blut den Bratensatz auflösen, unter Rühren erwärmen, ohne dass das Blut stockt. Etwas Saft der gekochten Holunderbeeren beifügen || Die Schnitzel aufschneiden oder ganz belassen. Alles auf Tellern oder einer Platte anrichten.

Frühherbst

# Brombeer-Hirse-Auflauf

**Zutaten**
Milch
Hirse
Honig
Butter
Leinsamen (geschrotet)
Brombeeren
Rahmquark
Salz

Am Waldrand sind die ersten Brombeeren reif. Auf dem Feld stehen die Hirse und der Lein kurz vor der Ernte. Mit den letzten Vorräten vom letzten Jahr, den frisch gepflückten Beeren, süßem Blütenhonig und dem bisschen Milch, das die Kühe zu dieser Jahreszeit noch geben, wird dieser Auflauf zubereitet. Da die Eiersaison schon lange vorbei ist, nehmen wir stattdessen geschrotete Leinsamen. Somit vereinen wir die Gaben von Wald, Wiese, Feld und Vieh in einer leckeren Süßspeise. Wenn du zusätzlich bereits reife Haselnüsse findest, kannst du diese fein gehackt dem Auflauf zufügen.

**Zubereitung**
Milch und Wasser in einem Topf zum Kochen bringen || Die Hirse einrühren und eine Prise Salz zufü-

**Frühherbst**

gen || Dann die Hitze reduzieren und köcheln lassen, bis die Hirse fast gar ist || Die Pfanne vom Herd nehmen und großzügig Honig und Butter in der noch heißen Masse auflösen. Danach die geschroteten Leinsamen hinzugeben und alles gut umrühren || Stehen und quellen lassen, bis die Masse eindickt || In eine gefettete Auflaufform füllen || Brombeeren und den Rahmquark sorgfältig in die Masse einrühren und ein paar Beeren zur Dekoration oben aufsetzen || Im Ofen backen, bis die Hirse goldbraun ist.

**Vollherbst**

# Jagen und Sammeln für den Winter

*Im Spätsommer war die Ernte unter Dach, und damit stand fest, wie lange das Getreide und die Hülsenfrüchte über den Winter reichen würden. Gleichzeitig ist diese Jahreszeit die ideale Jagdsaison, und viele Wildpflanzen und Bäume tragen reife Früchte. Gute Voraussetzungen, um die Vorräte aufzustocken und für Abwechslung auf dem winterlichen Teller zu sorgen. Obwohl die Pfahlbauer Ackerbau und Viehzucht betrieben, waren Jagen, Sammeln und Fischen sehr wichtig, manchmal wohl sogar überlebenswichtig.*

*Nach der Ernte auf dem Feld beginnt die Ernte im Wald*

## Kluger Rat: Nussvorrat

Für die Vorratshaltung waren lagerfähige Sammelpflanzen von großer Bedeutung, zum Beispiel Haselnüsse mit ihrem hohen Fett- und Kaloriengehalt. Letztere konnte man in großen Mengen ernten, gut transportieren und ohne erheblichen Verarbeitungsaufwand verzehren. Daher erstaunt es nicht, dass Archäologen in Pfahlbaufundstellen immer wieder Massen von Haselnuss-Schalen finden.

Ursprünglich wohl in der Gegend der heutigen Türkei heimisch, breitete sich die gemeine Hasel *(Corylus avellana)* nach dem Rück-

*Viele jungsteinzeitliche und ein paar frische Haselnüsse (Thayngen-Weier, CH)*

zug der Gletscher am Ende der Eiszeit vor 18.000 Jahren über Mitteleuropa aus. Der Strauch kommt fast überall in Europa wild vor. Am besten gedeiht er an sonnigen, humusreichen, eher feuchten Standorten in mäßig warmem Klima. Ab dem Herbst sind Haselnüsse in großer Menge zu finden. Bevorraten kann man sie nur, wenn man sie reif sammelt – frische Nüsse enthalten viel Feuchtigkeit und können bei der Lagerung Schimmel ansetzen. Werden sie über mehrere Wochen getrocknet, sind sie bis zu einem Jahr haltbar. Oder man röstet die von der Schale befreiten Kerne. Das verbessert nicht nur die Lagerfähigkeit, sondern auch den Geschmack.

## Muckefuck und Buchecker

Alle paar Jahre ist ein Mastjahr. Dann sind die Bäume übervoll mit Eicheln. Die Bezeichnung »Mastjahr« stammt aus den Zeiten, als Bauern ihre Schweine in die Wälder zur Weide trieben, damit sich diese vor der Schlachtung viel Fett anfuttern konnten. Während Schweine und Waldtiere rohe Eicheln gut vertragen, sind diese für Menschen aufgrund ihres hohen Anteils an Gerbsäure giftig. Sie verursachen Magengrummeln, Verstopfungen und neurologische Probleme. Man kann die bitteren Gerbstoffe jedoch durch mehrtägiges Wässern oder Kochen mit Zusatz von Asche entfernen. Offenbar war dies den Menschen der Jungsteinzeit schon bekannt, denn Eicheln sind in Pfahlbauten nachgewiesen. Ein großes Tongefäß aus der

## Vollherbst

*Ob die Pfahlbauerinnen zum Frühstück wohl Eichelkaffee tranken?*

bronzezeitlichen Siedlung Zug-Sumpf (CH) war bei der Entdeckung zur Hälfte gefüllt mit angebrannten Eichelhälften, die in einer breiartigen Masse lagen. Offensichtlich köchelte hier vor 2.950 Jahren ein Eichelgericht, als das Dorf in Flammen aufging. Aus jüngeren Zeiten sind Eicheln vor allem als Notnahrung bekannt, verarbeitet zu Brot, Suppe oder Kaffee-Ersatz (Muckefuck). Der Ruf der wertvollen Baumfrucht ist daher – völlig zu Unrecht – nicht der Beste.

*Bucheckern sind schwach giftig, weshalb man nicht mehr als eine Handvoll pro Tag essen sollte*

Auch bei den Rotbuchen *(Fagus sylvatica)* ist alle fünf bis acht Jahre eine richtiggehende Überproduktion an Nüssen zu beobachten. Dann bestehen gute Chancen, dass aus einigen Nüssen junge Bäume wachsen und sie nicht nur in den Mägen von Eichhörnchen oder anderen Wildtieren landen. Generell macht es uns die Buche nicht leicht, an ihre Früchte zu gelangen. Die Bucheckern stecken in einem stacheligen Fruchtbecher; die dreikantigen, kleinen Nüsschen sind zudem von einer festen, braunglänzenden Schale umgeben. Sie zu schälen ist eine mühsame und zeitraubende Angelegenheit, die sich aber angesichts des hohen Energiewertes für die Pfahlbauer durchaus lohnte, wie Funde von Bucheckernschalen zeigen.

Vollherbst

## Halali bei den Pfahlbauern

*Frisch geschossenes Reh, in diesem Fall aber nicht mit Pfeil und Bogen*

Bei den Pfahlbauerinnen war es eher die Regel als die Ausnahme, wenn Wild »auf den Tisch kam«. Sie erlegten nicht nur die bis heute üblichen Jagdtiere wie Hirsche, Rehe und Wildschweine, sondern auch viele Pelztiere wie Fuchs, Iltis, Marder, Dachs, Wildkatze, Biber oder Fischotter. Zur Jagdbeute gehörten aber auch große gefährliche Tiere wie Auerochse, Wisent, Bär und Wolf, sowie sehr kleine Tiere wie Igel, Eichhörnchen oder Singvögel, bei denen man sich heute fragt, ob man sie wirklich noch essen kann oder will. Knochenfunde von Tierarten wie Steinbock und Gämse zeigen uns, dass die Jägerinnen damals Ausflüge bis in die Berge unternommen haben. Kurz gesagt jagten sie alles, was ihnen vor Pfeil und Bogen kam.

Hirsche waren die wichtigsten Jagdtiere und lieferten einen beträchtlichen Teil des Fleisches, das die Pfahlbauer aßen. In manchen Zeiten und Regionen war Hirschfleisch häufiger im Kochtopf als das Fleisch von Haustieren. Zudem waren die Geweihe der Tiere ein wichtiges Rohmaterial für Geräte, Griffe und die genialen »Zwischenfutter« der Steinbeile. Letztere übernahmen die Funktion

*In diesem Hirschknochen aus Arbon-Bleiche 3 (CH) steckt die abgebrochene Spitze einer Feuersteinpfeilspitze*

## Vollherbst

eines »Stoßdämpfers« zwischen dem Steinbeil und seinem Holzgriff. Sie sollten dafür sorgen, dass die aufwändig herzustellenden Steinbeile nicht brachen.

### Chillen auf dem Bärenfell

Jagdtiere lieferten aber viel mehr als nur Fleisch: Die Verarbeitung und Nutzung von wärmenden Pelzen ist ebenso belegt wie die Verwendung von Tierknochen und -zähnen als Schmuck. Ötzis Kleidung bestand ausschließlich aus Fell und Leder: Seine Leggins waren aus Ziegenleder, der Mantel aus Ziegen- und Schaffell, die Mütze aus dem besonders warmen Bärenfell und seine Schnürsenkel aus Rinderleder. Tierreste dienten zudem als Schmuck und gleichzeitig wohl als Trophäen. Durchbohrte Eckzähne von Wolf und Bär waren sehr beliebt, und die Eckzähne der männlichen Hirsche, die sogenannten »Grandeln«, hat man sogar aus Knochen oder Hirschgeweih gefälscht! Auch Kleintiere wie Igel oder Eichhörnchen hatten offensichtlich eine besondere Bedeutung, denn häufig werden Unterkiefer mit »Politurglanz« gefunden, der entsteht, wenn die Stücke auf Kleidung oder Haut scheuern, weil sie zum Beispiel an einer Halskette getragen werden. Vielleicht trug man auch Federn oder schmückte damit die Kleidung. Der Fantasie sind keine Grenzen gesetzt!

*Amulett oder Jagdtrophäe? Bärenzahnanhänger aus der Fundstelle Arbon-Bleiche 3 (CH)*

Da Tiere wie Bären oder Auerochsen nur sehr selten gejagt wurden, kann man manchmal sogar rekonstruieren, wie die Jagdbeute im Dorf verteilt wurde. In Arbon-Bleiche 3 (CH) fanden die Ausgräber Knochen von insgesamt vier Bären. In zwei Häusern konzentrierten sich die Rumpfteile; die ebenfalls fleischreichen Schenkel fanden sich über weitere Gebäude verteilt, aber nicht alle bekamen etwas vom Bärenbraten ab. Auffallend waren die starken Brandspuren an den Pfotenknochen. Hat man die Bärentatzen eventuell auf dem Grill zubereitet? In Chalain (F) wurden die Knochen von zwei Bärenvorderpfoten und einer Hinterpfote neben der Feuerstelle gefunden, vermutlich die Überbleibsel eines gemütlich warmen Liegeplatzes oder Bettes mit einem Bärenfell.

# Pflanze des Monats
## Pilze: Meist spurlos verschwunden

Fliegenpilz, Steinpilz, Schimmelpilz. Vom Frühling bis zum Herbst begegnen wir Pilzen auf Schritt und Tritt. Nur als Nahrung der Pfahlbauer lassen sie sich schlecht nachweisen; denn die Fruchtkörper von Speisepilzen vergehen im Feuchtbodenmilieu meist vollständig oder werden verdaut. Ausnahmen sind harte Baumpilze wie der Zunderschwamm *(Fomes fomentarius)*. Vor der Erfindung von Zündhölzern und Feuerzeug benötigte man zum Entfachen eines Feuers Feuerstein (Silex), Pyrit (Katzengold) und Zunderpilz. Durch geschicktes Aneinanderschlagen der Steine erzeugte man damit Funken, die auf ein bereitgelegtes Stück Zunderpilz fielen und dieses zum Glimmen brachten.

Ötzi, die Gletschermumie, hatte neben einer schwarzen Masse, die als Zunderschwamm bestimmt werden konnte, zwei Fruchtkörperstücke eines Birkenporlings *(Piptoporus betulinus)* im Gepäck. Birkenporlinge sind nicht schmackhaft, aber essbar. Der Baumpilz beinhaltet zudem Inhaltsstoffe, die entzündungshemmend sind und antimikrobiologische Eigenschaften haben. Die Leute der Jungsteinzeit wussten also Pilze durchaus zu schätzen und gezielt einzusetzen. Auch die halluzinogene Wirkung gewisser Pilze dürfte ihnen vertraut gewesen sein.

Vollherbst

# Ötzis letztes Mahl

**Zutaten**
Hirschfleisch
(z. B. Schnitzel)
Einkorn (ganze Körner)
Speck mit hohem Fettanteil
Pflanzliches Öl
(z. B. Haselnussöl)
Baumblätter
(z. B. Sommerlinde, Hasel oder Ahorn)

*Tierisches und pflanzliches Fett in großen Mengen, rohe Fleischfasern von Hirsch und Steinbock und ganze Einkorn-Körner – das fand sich in Ötzis Magen. Zusammengemischt ergibt das wahre Powerbällchen, Energie pur für eine Bergwanderung.*

**Zubereitung**

Sehnen und Fett vom Hirschfleisch entfernen || Fleisch in dünne Streifen schneiden || Bei 50 °C während eines halben Tages im Dörrautomat trocknen, bis das Fleisch beim Biegen bricht || Einkorn kochen, bis die Körner weich sind || Speck bei mäßiger Hitze auslassen || Das Fleisch mit einem Stein oder in einem Mörser zerklopfen, so dass es zu Pulver oder einzelnen Fasern zerfällt || Fett, etwas Haselnussöl, Einkorn und das zerkleinerte Trockenfleisch mi-

**Tipp:** Die Bällchen für den Transport in Blätter einwickeln. Hier wurden Blätter der Sommerlinde verwendet. Die haben auf der Oberseite eine wachsartige Beschichtung, die verhindert, dass Lebensmittel daran kleben bleiben.

Vollherbst

schen. Die Masse sollte mehr Fleisch als Getreide enthalten || Abkühlen lassen und dann zu Kugeln formen || An einem kühlen Ort aushärten lassen || Als Proviant für eine Wanderung die Bällchen in frische Blätter einwickeln.

## Vollherbst

# Hirschzwerchfell auf Schlehenspiegel

**Zutaten**
Saubohnen
Mehl
Schlehen
Honig
Nüsslisalat (Feldsalat)
Zwerchfell von Hirsch oder Rind
Schmalz
Salz

Hirschzwerchfell ist ein Fleischstück, das man nicht im Laden um die Ecke bekommt. Es sei denn, es handelt sich dabei um eine Hirschfarm mit aufgeschlossenen Haltern, die beim Schlachten auf Spezialwünsche eingehen. Das Zwerchfell, auch Skirt-Steak genannt, zählt zu den Innereien, ist aber ein gut trainierter und daher geschmacksintensiver Muskel.

### Zubereitung

**Fèves Duchesse:** Die Saubohnen über Nacht einweichen, dann in einem Topf mit Wasser weich kochen || Das Wasser abgießen und die Bohnen fein zerdrücken oder durch ein Passe-vite (Flotte Lotte) drehen || Mehl zufügen, bis eine feste Püreemasse entsteht, mit Salz abschmecken || In einen Spritzbeutel mit gezackter Tülle füllen und auf ein mit

Backpapier belegtes Blech spritzen || Im Ofen goldbraun backen.

**Schlehenmus:** Die Schlehen in wenig Wasser und mit Honig gesüßt weichkochen || Durch ein Passevite oder ein Sieb treiben und die Kerne entfernen.

**Gedünsteter Nüsslisalat:** Die Salatrosetten gut waschen und abtropfen || Den Stielansatz abschneiden und die Blätter in einer Pfanne mit wenig Wasser kurz dünsten.

**Zwerchfell:** Falls das Zwerchfell nicht bereits präpariert ist, die Mittelsehne entfernen und die Silberhaut abziehen || In einer Pfanne Schmalz erhitzen und die gesalzenen Fleischstücke von beiden Seiten kurz anbraten || Alles anrichten und sofort servieren.

## Vollherbst

## Schwammerl mit Rehnieren und Erbsenmus

**Zutaten**

Erbsenmus
Erbsen
Salz
Rehnieren
Rehnieren
Butterschmalz
Salz
Schwammerl
Hochwertige Speisepilze aus dem Wald (z. B. Pfifferlinge und ein Steinpilz)
Butterschmalz
Salz

Im Wald wachsen viele hervorragende Speisepilze, doch nicht ohne Grund gehören Steinpilz (Boletus edulis) und Reherl (Cantharellus cibarius, auch Eierschwämmli, Gelberle oder Echter Pfifferling genannt) zu den bekanntesten und beliebtesten Schwammerln weit und breit.

**Zubereitung**

**Erbsenmus:** Erbsen am Vortag in Wasser einweichen || Wasser erhitzen, eingeweichte Erbsen zugeben, kurz aufkochen und dann so lange köcheln lassen, bis sie gar sind || Wasser abgießen, Erbsen zu Mus zerdrücken und mit wenig Salz abschmecken.

**Rehnieren:** Rehnieren waschen und der Länge nach halbieren || Die hellen Bestandteile im Inneren der Nieren vollständig herausschneiden || Die geputz-

**Tipp:** Wald-Ziest ist ein Würzkraut, das optisch wie geschmacklich gut zu den gebratenen Schwammerln passt.

Vollherbst

ten Hälften der Rehnieren beidseitig scharf in Butterschmalz anbraten, vom Feuer nehmen und leicht salzen || Rehnieren abgedeckt im Ofen bei mäßiger Hitze ziehen lassen.

**Schwammerl:** Pilze putzen und klein schneiden || In Butterschmalz anbraten und mit etwas Salz abschmecken || Die gebratenen Schwammerl zusammen mit den Rehnieren und dem Erbsenmus sofort servieren.

## Vollherbst

# Nussbraten

**Zutaten**

*Braten*
Grünkern-Körner
Wassernüsse (als Ersatz Esskastanien)
Haselnüsse
Steinpilze (getrocknet)
Leinsamen (geschrotet)
Knoblauchsrauke (Samen)
Selleriegrün
Salz

*Bratensoße*
Morcheln
Sellerie
Karotte
Haselnussöl

*Gab es bei den Pfahlbauerinnen Veganer? Dieser Nussbraten ist aber auch eine Alternative, wenn die Jagd mal nicht erfolgreich verläuft.*

### Zubereitung

**Braten:** Grünkern kochen, bis er noch wenig Biss hat. In ein Sieb abgießen und abtropfen lassen || Kastanien weich kochen || Haselnüsse mahlen, fein zerklopfen oder im Mixer zerkleinern, so dass unterschiedlich große Stücke entstehen || Steinpilze in lauwarmem Wasser einweichen || Leinsamenschrot in etwas Wasser quellen lassen || Alle Zutaten zusammenfügen, mit Salz, Knoblauchsraukensamen und fein geschnittenem Selleriegrün würzen. Mit den Händen kräftig kneten || In eine mit Backpapier ausgelegte oder eingefettete Kastenform geben und

**Tipp:** Das gekochte Gemüse mit den Pilzen kann man als kleine Beilage reichen.

## Vollherbst

| | |
|---|---|
| Vollkornmehl | |
| Salz | |

im Ofen backen || Aus der Form nehmen und in dicke Scheiben schneiden.

**Bratensoße:** Morcheln in lauwarmem Wasser einweichen. Das Einweichwasser beiseitestellen || Sellerie klein schneiden, Karotte raffeln und Morcheln in dünne Scheiben schneiden || Gemüse anrösten, bis es Farbe annimmt. Wasser hinzufügen und alles kochen, bis ein kräftiger Sud entsteht || Haselnussöl in einer Pfanne erhitzen, etwas Mehl hinzufügen, anschwitzen und mit dem Morchel-Einweichwasser und dem Gemüse-Pilz-Sud ablöschen. Zu einer sämigen Soße verrühren || Ein Paar Morchelstückchen und klein geschnittenes Selleriegrün in die Soße geben.

Spätherbst

# Das besondere Aroma

*Zucker – Maggi – Sojasauce – Zitrone? Alles dies eroberte lange nach der Zeit der Pfahlbauerinnen unseren Speiseplan. Genauso unbekannt waren damals verarbeitete Lebensmittel mit zu viel Zucker und Salz, mit denen wir heute zu kämpfen haben. Aromen sind flüchtig, und Gewürze lösen sich beim Verzehr auf. Nichts von alledem ist nach Jahrtausenden noch nachweisbar. Dennoch muss die Pfahlbauküche nicht langweilig oder fad gewesen sein; denn in den vorgeschichtlichen Siedlungen konnten Reste von zahlreichen Pflanzenarten mit intensivem Aroma nachgewiesen werden, die als Tee-, Würz- oder Heilpflanzen in Frage kommen, wie etwa Minzen* (Menthae), *Dost* (Origanum vulgare), *Thymian* (Thymus spec.) *oder Knoblauchsrauke* (Alliaria petiolata). *Intensiv schmeckende Pflanzen wie Dill* (Anethum graveolens) *oder Sellerie* (Apium graveolens) *wurden schon in der Jungsteinzeit eingeführt und dann weiter kultiviert.*

*Diese Wiese steckt voller Aromen*

## Salz in der Suppe?

Salz kommt in der Natur in zwei Formen vor: als Steinsalz und in Wasser gelöst zum Beispiel im Meer und in salzhaltigen Quellen. Beide Formen wurden während der Pfahlbauzeit genutzt. Das salzhaltige Wasser verdampfte man in speziellen Keramikgefäßen, den sogenannten »Briquetages«. Zurück blieb Salz. Das Verfahren ist seit der Jungsteinzeit belegt, allerdings bislang noch nicht aus den Pfahlbauten. Bergmännischer Abbau von Steinsalz wurde in verschiedenen großen Salzvorkommen in Europa betrieben, so zum Beispiel in Hallein bei Salzburg (A) oder in Hallstatt im Salzkammergut (A). Hallstatt ist besonders gut erforscht. Hier gab es seit der mittleren Bronzezeit (um 1600 v. Chr.) einen professionellen, arbeitsteilig organisierten Salzabbau. Einzelne Funde aus dem Hallstätter Salzbergwerk datieren sogar schon in die Jungsteinzeit. Der Aufwand für den Salzabbau im Berg wurde sicher nicht nur für den Eigenbedarf oder den der Nachbardörfer betrieben. Vielmehr wurde das »weiße Gold« verhandelt, was im Tal von Hallstatt zu großem Reichtum führte. Wir wissen von umfassenden Tauschnetzwerken im Alpenraum, in denen die Menschen Silex, Schmuck, Metall, Glas, Steinbeile und vieles andere weitergegeben haben. Es ist daher sehr gut möglich, dass auch Salz gehandelt wurde.

Steht kein reines Salz zur Verfügung, kann man einen salzigen Geschmack auch mit Asche oder durch die Verwendung von Salzpflanzen (botanisch: Halophyten) wie zum Beispiel Sellerie erzeugen. Salz ist nicht nur für unseren Körper lebensnotwendig, sondern es ist auch bei der Konservierung von Lebensmitteln hilfreich. Große Mengen Salz benötigt man zum Beispiel für das Pökeln oder für die Herstellung und Pflege von Hartkäse. Ob die Pfahlbauer diese Techniken bereits kannten und dafür genug Salz zur Verfügung hatten, wissen wir allerdings nicht.

## Süße

Vor der Erfindung von raffiniertem Zucker aus Zuckerrohr oder Zuckerrüben gab es nur wenige Möglichkeiten, die Geschmacksrichtung »süß« zu erleben. Zum Süßen von Speisen standen Honig, frische oder eingekochte Früchte oder süßlich schmeckende Pflanzen zur Verfügung. Das Mädesüß *(Filipendula ulmaria)* trägt diese Eigenschaft sogar im Namen, und auch Holunderblüten schmecken süßlich. Beide Pflanzenarten sind in Pfahlbauten regelmäßig nachgewiesen. Erdbeeren, Himbeeren und Brombeeren waren wohl die süßesten Früchte, die man direkt vom Strauch genießen konnte, während bei Wildäpfeln, Schlehen oder Physalis die Fruchtsäure den Geschmack dominiert.

## Spätherbst

*Der Herbst beschenkt uns mit süßen und sauren Früchtchen*

*Klotzbeute: das Bienenhaus der Pfahlbauer von Arbon-Bleiche 3 (CH)*

Honig war schon vor der Pfahlbauzeit ein beliebter Süßstoff. Eine 12.000 Jahre alte Höhlenmalerei in Spanien zeigt eine Frau bei der Jagd nach dem flüssigen Gold aus einem Nest in einer hochliegenden Baumhöhle oder einer Felsspalte. Solche wetter- und winterfesten Hohlräume sind bevorzugte Nistplätze der in Nordeuropa heimischen Wildbienen *(Apis mellifera mellifera)*. Der Honig der dunklen europäischen Biene kann ab Juni geerntet werden und ist dann gut lagerfähig.

Man muss nicht schwindelfrei sein, um an honiggefüllte Bienenwaben zu gelangen. Die Pfahlbauer haben hohle Baumstämme an einem günstigen Standort nahe beim Dorf aufgestellt, einer davon enthielt nachgewiesenermaßen Wachsreste. Solche Bienenunterkünfte werden als »Klotzbeuten« bezeichnet und sind bis in historische Zeiten belegt. Eine richtiggehende Bienenzucht ist spätestens ab der Bronzezeit anzunehmen.

### Bitter, sauer, umami

Diese Geschmacksrichtungen dürften den Pfahlbauern sehr vertraut gewesen sein. Viele Wildpflanzen schmecken bitter. Nicht selten ist dies ein Zeichen dafür, dass sie ungenießbar oder sogar giftig sind. Die Pfahlbauerinnen wussten aber sehr wohl, dass man zum Beispiel Wilden Hopfen, Wegwarte, Löwenzahn oder Schafgarbe essen kann. Speziell ist der Geschmack, wenn das Essen anbrennt, was regelmäßig passiert ist, wie zahlreiche Krusten von verkohlten Breien in Kochtöpfen belegen. Auch die Geschmacksrichtung sauer kannte man; denn viele unreife Früchte sind äußerst sauer. Nachgewiesen sind auch sauer schmeckende Pflanzen wie zum Beispiel Sauerampfer, Sauerklee oder getrocknete Physalis, die geschmacklich dem Zitronenaroma am nächsten kommt. Mit sauer verbinden wir heute auch Essig. Dieser wird durch Fermentation aus Alkohol hergestellt. Nachweise für derlei Verarbeitungsprozesse gibt es aus der Pfahlbauzeit allerdings bislang nicht. Die fünfte Geschmacksrichtung umami kennen wir heute vor allem aus der asiatischen Küche und verbinden sie mit Sojasauce und Glutamat. Das herzhaft-intensiv fleischige Aroma wird durch die Aminosäure Glutamin erzeugt, die in Fleisch (insbesondere getrocknetem Fleisch), Fisch, Pilzen und Käse enthalten ist. Zumindest jedem Pfahlbaubaby war umami vertraut, denn Muttermilch enthält ebenfalls Glutaminsäure.

*Ein zweifelhafter Genuss: der Biss in einen Wildapfel*

Neben diesen Aromen sind auch andere aromatische oder aroma-tragende Lebensmittel nicht direkt nachweisbar, sondern nur durch Indizien. Dazu gehören pflanzliche und tierische Fette wie Schmalz, Talg oder Öle. Sicher ist es kein Zufall, dass die ölhaltigen Pflanzen Lein *(Linum usitatissimum)* und Mohn *(Papaver sominferum)* von Anfang an in Europa angebaut wurden.

## Ötzi: Mit vollem Magen ermordet

Pflanzliche und tierische Öle beziehungsweise Fette hatte auch die berühmte Gletscherleiche vom Tisenjoch (I) (3.210 Meter) in den Ötztaler Alpen im Magen. Am Beispiel dieses vor 5.200 Jahren ermordeten Mannes zeigen sich die Möglichkeiten und Grenzen der Ernährungsrekonstruktion für prähistorische Zeiten.

Der Mann war etwa 45 Jahre alt, 1,60 Meter groß und hatte Schuhgröße 35. Die sehr gute Erhaltung des Toten aus dem Eis führte dazu, dass er heute vermutlich die am besten untersuchte Mumie Europas ist. Wir wissen, dass er tätowiert war, Gallensteine und eine Raucherlunge hatte, wie vermutlich die meisten prähisto-

## Spätherbst

rischen Menschen, die ihr Leben lang am offenen Feuer saßen. Wir wissen auch, dass Ötzi – wie zu dieser Zeit in Europa üblich – laktoseintolerant war.

### Restlos verzehrt?

Die letzte Mahlzeit hat Ötzi erst kurz vor seinem Tod eingekommen; denn sein Magen war gut gefüllt. Die Hälfte von Ötzis Mageninhalt bestand aus tierischem Fett. Die Herkunft der ebenfalls nachgewiesenen Pflanzenöle konnte nicht näher bestimmt werden. In Frage kommen Lein, Mohn oder eine andere ölhaltige Pflanze. Enthalten waren außerdem Fleischfasern vom Alpensteinbock *(Capra ibex)* und vom Rothirsch *(Cervus elaphus)*, die nicht erhitzt worden waren. Ötzi hat sie also entweder roh, getrocknet oder geräuchert gegessen. Außerdem enthielt seine letzte Mahlzeit Einkorn in Form ganzer Körner. Zudem fand man giftigen Adlerfarn *(Pteridium aquilinum)* und Glattes Neckermoos *(Neckera complanata)*. Aus den Bestandteilen in Ötzis Magen lassen sich verschiedene Mahlzeiten rekonstruieren. In welcher Kombination und Form er sie zu sich genommen hat, wissen wir aber nicht. Kaute er beim Aufstieg aufs Tisenjoch Trockenfleisch, aß er einen Kraftriegel aus Getreide, Fleisch und Fett, oder war seine letzte Mahlzeit ein Eintopf? Der Adlerfarn und das Moos könnten als Verpackung gedient haben, oder Ötzi hat sie als Medizin eingenommen. Offensichtlich hat er alles bis zum letzten Krümel verzehrt. Jedenfalls wurden bei seiner Ausrüstung keine Lebensmittel gefunden. Das ist wirklich schade, denn zu gerne hätten wir ein paar Streifen von Ötzis Trockenfleisch oder einen seiner Kraftriegel vor dem Verzehr gesehen!

*Diese Lebensmittel hatte Ötzi in seinem Magen*

## Pflanze des Monats
### Mohn: Verehrt und verzehrt

Der wärmeliebende Schlafmohn mit seinen zarten weißen bis violetten Blütenkronblättern ist die einzige frühe Kulturpflanze in unserer Region, die nicht aus dem Vorderen Orient zu uns kam, sondern aus dem Mittelmeerraum. Der botanische Name *Papaver somniferum* leitet sich aus dem Lateinischen ab und bedeutet »Schlaf bringend«. Alle Teile der Pflanze enthalten verschiedene Alkaloide, zu denen auch das Morphium gehört. Die Konzentration ist im Saft der Mohnkapsel mit Abstand am höchsten. In den Kapseln reifen auch die Samen heran, die dem Essen beigemischt oder aus denen Öl gewonnen werden kann.

Liebten die Pfahlbauer also Mohnstrudel oder waren sie Junkies? Vermutlich beides; denn wie bei vielen andern Pflanzen und Tieren dürften sie alles genutzt haben, was der Mohn hergab. Die großen Mengen an Mohnsamen in den Siedlungsschichten zeigen deutlich, daß die Pflanze von großer Bedeutung war für die Menschen. Einen weiteren Hinweis auf die hohe Wertschätzung geben bronzene Gewandnadeln aus der späten Bronzezeit. In Zeiten ohne Reiß- und Klettverschluss hielten Nadeln Stoffe und Kleider zusammen. Die Form der Nadelköpfe unterlag Modeerscheinungen und veränderte sich im Laufe der Zeit. In der späten Bronzezeit (1350–800 v. Chr.) gibt es eine Nadelform, deren Köpfe einer stilisierten Mohnkapsel gleichen. Der Begriff ist natürlich modern und wird von Archäologen als Typenbezeichnung verwendet. Aber wer weiß, was die Pfahlbauer hinter diesen Nadeln gesehen haben, vor allem im Rauschzustand.

## Spätherbst

## Fisch im Salzmantel

### Zutaten

Leinsamen (geschrotet)
Ganzer frischer Fisch, ausgenommen (z. B. Saibling)
Hagebutten
Frische Kräuter (z. B. Dill)
Linsen
Karotten
Salz, viel Salz

Das ist pure Dekadenz – zumindest aus Sicht einer Pfahlbauerin. Damals war Salz nämlich ein rares Gut. Aber ein in Salzkruste gebackener Fisch ist nun mal unvergleichlich zart und saftig. Und das Rezept ist definitiv etwas für Archäologen: Der Fisch muss nämlich nach dem Backen sorgfältig aus seiner Kruste herauspräpariert werden, so wie auf der Grabung die Funde aus der Erde.

### Zubereitung

Am Vortag eine Handvoll geschrotete Leinsamen in Wasser einlegen || Den frischen Fisch gründlich abwaschen und abtrocknen. Den Dill waschen und in den Bauch des Fisches legen. Die Bauchlappen übereinanderlegen, so dass der Fisch später nur mit der Hautseite auf dem Salzbett liegt || Die eingelegten

**Tipp:** Die Salzkruste kann anstatt mit Leinsamen auch mit Eiklar vermengt werden.

Spätherbst

Leinsamen absieben. Die schleimige Flüssigkeit mit dem Salz und etwas Wasser in eine Schüssel geben und gründlich vermischen || Ein Backblech mit Backpapier belegen. Darauf eine etwa fingerdicke Salzschicht in der Größe des Fisches geben. Den Fisch mittig daraufliegen und mit weiterem Salz fingerdick zudecken. Die Salzmasse gut andrücken und dann den Fisch in der Ofenmitte für etwa eine halbe Stunde bei hoher Hitze backen || Für die Hagebuttensoße die halbierten Hagebutten in Wasser weich kochen. Dann die Kerne herauskratzen und die Schalen mit dem Fruchtfleisch nochmals kurz aufkochen || Die Linsen und die klein geschnittenen Karotten weich kochen, dann mit Kräutern verfeinern und mit Salz würzen || Den Fisch im Salzmantel im Ofen für ein paar Minuten abkühlen lassen || Dann kann die Ausgrabung beginnen: Die Kruste sorgfältig aufklopfen und den Fisch freilegen. Die Haut entlang der Stromlinie aufschneiden und aufklappen, das Fleisch sorgfältig von den Gräten lösen || Auf einem Teller die Linsen, den Fisch und die Hagebuttensoße anrichten und genießen.

Spätherbst

## Rehzunge auf Erbsenmus

**Zutaten**

Erbsenmus
Erbsen
Salz
Rehzunge
Rehzunge
Wacholderbeeren
Salz

*Eine der Delikatessen, die in der modernen westlichen Welt fast in Vergessenheit geraten sind, ist das feste Fleisch des Zungenmuskels. Die Inspiration für dieses Rezept kommt aus dem Orient, denn in Damaskus wird gekochte Zunge in dünne Scheiben aufgeschnitten, auf Salat angerichtet und als eine der traditionellen arabischen Vorspeisen serviert. Wer weiß, woher sich die Pfahlbauerinnen für ihre Rezepte inspirieren ließen.*

**Zubereitung** ①

**Erbsenmus:** Erbsen am Vortag waschen und in Wasser einweichen || Wasser erhitzen, eingeweichte Erbsen zugeben und so lange kochen, bis sie gar sind || Wasser abgießen, Erbsen zu Mus zerdrücken und mit Salz abschmecken.

**Rehzunge:** In einem kleinen Topf Wasser mit etwas Salz zum Kochen bringen || Rehzunge und zwei zerdrückte Wacholderbeeren zugeben und das Wasser aufkochen lassen || Dreieinhalb Stunden auf kleiner Flamme köcheln lassen || Rehzunge aus dem Wasser nehmen, die Haut abziehen und alles entfernen, was kein Muskelfleisch ist || Rehzunge senkrecht zur Richtung der Muskelfasern aufschneiden und lauwarm auf Erbsenmus servieren.

## Spätherbst

# Malzpudding mit Apfelkompott

**Zutaten**

Malz (gekeimtes und geröstetes Getreide)
Äpfel
Leinsamenschrot
Honig

*Für dieses Dessert wird die Bier-Vorstufe Malz verwendet. Malz lässt sich einfach herstellen: Getreide einweichen und zwei bis drei Tage bei Zimmertemperatur stehen lassen, bis deutliche Keimlinge an den Körnern erkennbar sind. Dann in der Pfanne rösten, bis die Körner schön braun sind, und zerkleinern.*

**Zubereitung**

Getreide zwei bis drei Tage in Wasser keimen lassen, dann abgießen und in der Pfanne schön braun rösten || Äpfel putzen, zerkleinern und einkochen || Das Malz im Mörser oder in der Getreidemühle grob zerkleinern || Etwa die gleiche Menge Leinsamenschrot zugeben || Alles mit Wasser und Honig längere Zeit köcheln lassen, bis die Masse eindickt || In eine flache Form geben und abkühlen lassen || Stürzen, in Stücke schneiden und mit Apfelkompott servieren.

# Mohnschnecken

**Zutaten**
Mehl
Sauerteig-Anstellgut
Mohnsamen
Mohnöl oder Haselnussöl
Haselnussmilch
Honig
Salz

*Im Herbst oder Winter pfahlbauzeitliche Mohnschnecken herzustellen, ist kinderleicht. Aber beim Lieblingsrezept müssen einige Zutaten ausgetauscht werden, da weit und breit keine Milchprodukte mehr zur Verfügung stehen. Nun sind die Mohnschnecken sogar vegan und dank Vollkornmehl besonders sättigend.*

**Zubereitung**

Aus Mehl, Anstellgut und Salz einen Teig anrühren und gehen lassen, bis er schön luftig ist || Teig falten und erneut ruhen lassen || Mohnsamen in Haselnussmilch aufkochen || Den Teig rechteckig auswallen und die Mohn-Haselnussmilchpaste darauf verteilen || Von der Längsseite her einrollen und in dicke Scheiben schneiden || Mit Öl bepinseln || Im Ofen backen, bis die Mohnschnecken knusprig braun sind || Mit flüssigem Honig beträufeln.

**Tipp:** Nimm Dampfmohn (gemahlener und gedämpfter Mohn) anstelle von ganzen Mohnsamen.

Frühwinter

# Schlachtplatte oder Veganer?

*Mit der kalten Jahreszeit künden Schilder vor Landgasthöfen im Südwesten des deutschen Sprachraums noch heute die Metzgete an. Dann werden üppige Fleischgerichte mit Würsten aus Blut oder Innereien, gebratenen Schweineohren, Ochsenschwanz, Kuttelragout und Leber aufgetischt. Dann essen wir plötzlich nicht nur Filetstücke und Schnitzel. Das war in den Pfahlbaudörfern ähnlich; denn dort wurden erlegte oder geschlachtete Tiere vollständig verwertet, »from nose to tail«. Dass Fleischkonsum – wie heute bei uns – ein kontrovers diskutiertes Thema war, ist kaum vorstellbar. Aber es stellt sich die Frage, ob es damals schon einzelne Menschen gab, die komplett auf tierische Produkte verzichteten.*

*Herz, Leber und Nieren vom Reh*

## Nose-to-Tail – Ein Thema seit Jahrtausenden

Nutztierhaltung heißt auch, dass der Mensch entscheidet, welche Tiere im Winter durchgefüttert werden und welche nicht. Schaf, Zie-

Frühwinter

*Von Kopf bis Fuß; die Pfahlbauerinnen aßen nicht nur die Filetstücke*

ge, Schwein und Kuh fressen über den Winter genauso viel wie im Sommer, aber die Natur gibt weniger Fressbares her. Das bedeutet: Vorräte anlegen und Essensrationen planen, auch für die Kuh und das Schwein. Die Haustiere, die man nicht überwintern kann oder will, werden Anfang des Winters geschlachtet. Damals wie heute verzehrte man die rasch verderblichen Bestandteile des Tierkörpers wie Innereien oder Blut sofort. Es gab deshalb sicher auch bei den Pfahlbauerinnen bereits Metzgete.

Dies belegen auch die in Pfahlbauten gefundenen Tierknochen. Unter den Speiseabfällen finden sich häufig Knochen halbjähriger oder eineinhalbjähriger Rinder und Schweine – die im Frühjahr geborenen Tiere wurden also gegen Jahresende geschlachtet. Schnittspuren und zerkleinerte Knochen belegen außerdem, dass man die Schlachttiere möglichst restlos verwertet hat. Essbar ist ziemlich viel: Blut, Hirn, Lunge, Herz, Magen, Drüsen wie Kalbsbries, Füße, Ohren, Schnauzen, Schwänze, Nieren, Milz, Hoden, Zwerchfell und mehr. Diese Ganztiernutzung ist heute als Nose-to-Tail wieder im Trend.

Da man mit einer einmaligen Schlemmerei den Winter nicht überlebt, mussten so viele Fleischstücke wie möglich haltbar gemacht werden, zum Beispiel durch Einkochen, Beizen, Einlegen in Fett, Räuchern oder Salzen. Damit kann die Lagerfähigkeit ins-

Frühwinter

besondere von Muskelfleisch auf Monate, ja sogar Jahre hin ausgedehnt werden. Als kalorienreiche Reserve für die kalte Jahreszeit kann man außerdem das Bauchfett für Schmalz und Talg auslassen. Aus dem Rest des Tieres stellten die Pfahlbauer Kleidung, Taschen, Behälter, Schnüre, Werkzeuge oder Geräte her. Nicht zu vergessen die schmückende und symbolische Bedeutung von Tierteilen: Gamsbart und Hirschgeweih-Knöpfe sind bis heute Bestandteil mancher Tracht, und an alten Ställen findet man häufig noch Rinderschädel oder Bukranien (Stirnteile mit Hörnern). Solche Bukranien oder Hornzapfen von Wildrindern oder großen Hausrindern sind auch aus der Jungsteinzeit bekannt.

## Knochen kochen

Erfahrene Pfahlbau-Metzgerinnen konnten mit ihren Messern Tiere so zerlegen, dass kaum Spuren am Skelett zurückblieben. Sie kannten also die Anatomie der Tiere sehr genau. Schnittspuren von Silexmessern findet man eigentlich nur dort häufig, wo es komplizierter wird, das Fleisch vom Knochen zu lösen, also am Rumpf, das heißt vor allem an Rippen, Wirbelsäule und Becken. Schnittspuren findet man zudem an den Füßen und am Schädel. Hier wurde die Haut durchtrennt, um das Fell abzuziehen. Die Untersuchung von Brand-, Hack-, Schnitt- und Schabespuren sowie der Größe der Knochenfragmente gibt auch Aufschluss über die Zerteilung von Schlachtkörpern und deren Zubereitung. So zeichnet sich oft ab, dass Hirsche und andere Jagdbeute weniger klein zerlegt und öfter am offenen Feuer gebraten oder gegrillt wurden als Rinder und die anderen Haustier-Arten. Die unzähligen, aufgeschlagenen Tierknochen aus den Pfahlbausiedlungen bezeugen, dass die Köche auch das gehaltvolle Knochenmark bereits damals systematisch gewonnen haben. Zudem konnte man aus Knochen noch Leim herstellen oder Werkzeuge machen.

*Aufgeschlagener Schweineunterkiefer aus Arbon-Bleiche 3 (CH)*

## Vegane Pfahlbauer oder saisonale Flexitarierinnen?

In den Pfahlbauten finden Archäologinnen jeweils Hunderte von Kilogramm Tierknochen. 218 Hausschweine, 82 Rinder, 64 Hirsche, 43 Wildschweine, 45 Schafe und Ziegen – so viele Tiere schlachteten die jungsteinzeitlichen Pfahlbauerinnen von Arbon-Bleiche 3 (CH) mindestens. Was auf den ersten Blick nach einem hohen Fleischkonsum aussieht, relativiert sich mit einer kleinen Rechenaufgabe: Teilt man die Fleischmenge der nachgewiesenen Schlachttiere durch 17 Jahre (belegte Siedlungsdauer) und 23 Häuser (ausgegraben) mit je circa fünf Bewohnern, dann bleiben am Ende pro Person und Jahr nur knapp 30 Kilogramm Fleisch. Das ist weniger als die Hälfte des durchschnittlichen Fleischverzehrs der EU, der 2020 bei 64 Kilogramm lag. In den USA werden sogar über 100 Kilogramm Fleisch pro Person und Jahr verzehrt. In Mitteleuropa ist der Fleischverbrauch aber seit Jahren rückläufig, und immer mehr Menschen leben vegetarisch oder sogar vegan.

Aussagen zur Ernährungsweise einzelner archäologischer Individuen sind dank moderner naturwissenschaftlicher Methoden möglich. Die Ernährung hinterlässt Spuren in Knochen und Zähnen. Anhand von Kohlenstoff- (C), Stickstoff- (N) oder Strontiumisotopen (Sr) lässt sich noch Jahrtausende später sagen, wie sich ein Lebewesen ernährt hat. Eine Gruppe von Forscherinnen und Forschern hat Knochen und Zähne von 466 Menschen aus der Jungsteinzeit und Bronzezeit untersucht. Die Ergebnisse zeigen, dass die Lebensmittelversorgung von Gemeinschaften zum Beginn der sesshaften, bäuerlichen Lebensweise vorwiegend aus Pflanzen bestand. Erst mit der Zeit stieg der Fleischkonsum an und nahm bis zur Bronzezeit stetig zu. Ab dann spielten auch Milch und Milchprodukte zunehmend eine Rolle in der Ernährung. Ein weiteres Resultat der Untersuchungen war, dass über alle untersuchten Epochen die Männer mehr Fleisch gegessen haben als die Frauen. Nicht so in der Schweiz, zumindest nicht während der Jungsteinzeit in Oberbipp im Kanton Bern. Die Isotopenuntersuchungen an Knochen von 16 Bestatteten aus einem über 5.000 Jahre alten Großsteingrab ergaben einen

Frühwinter

ausgeglichenen Fleischkonsum zwischen den Geschlechtern. Auf Veganerinnen ist man bei diesen Untersuchungen nicht gestoßen. Speisetabus in bestimmten Lebenslagen, Altersklassen oder für bestimmte Personengruppen sind in vielen Gesellschaften belegt und daher auch für die Pfahlbau-Zeit wahrscheinlich. Da außerdem die Jahreszeiten das Lebensmittelangebot der Pfahlbauer enorm prägten, dürften sie wohl am ehesten Flexitarier gewesen sein.

*Wildpflanzen machten einen großen Teil der täglichen Ernährung aus*

## Pflanze des Monats
### Lein: Der Alleskönner

Lein *(Linum usitatissimum)* ist eine der ersten in Mitteleuropa angebauten Nutzpflanzen. Er nährt und kleidet. Die ölhaltigen Samen kann man direkt essen, einem Brotteig beifügen oder geschrotet – beispielsweise anstelle von Ei – als Bindemittel verwenden. Gepresst ergeben Leinsamen ein wertvolles Öl, das reich an Omega-3-Fettsäuren ist. Darin enthaltene Schleimstoffe wirken sich positiv auf die Darmflora aus und sollen sogar den Cholesterinspiegel senken – in der Schlachtzeit gut zu wissen!

Leinöl kann auch als Holzschutz-, Färbe- und Konservierungsmittel benutzt werden. Die Überreste der Pressung – sogenannte Presskuchen – finden sich da und dort in den organischen Fundschichten der Pfahlbauten und in Tierexkrementen. Die Reste der Ölherstellung wurden also verfüttert. Lein – auch Flachs genannt – ist eine Faserpflanze und damit auch für die Kleiderherstellung wichtig. Aus den Fasern im Innern der Stängel hat man Schnüre und Fäden hergestellt, aus denen wiederum Netze oder gewebte Stoffe hergestellt werden konnten. Es verwundert daher nicht, dass man die Überreste der vielfältig nutzbaren Pflanze in pfahlbauzeitlichen Fundschichten regelmäßig und in großen Mengen antrifft. Besonders auffällig sind die sogenannten »Leinscheben« (oder »Flachsschäben«), der holzige Anteil der Stängel, der bei der Gewinnung der Fasern durch Brechen und Kämmen entfernt wird. Auch die ganzheitliche Verwertung von Pflanzen war bereits vor Jahrtausenden ein Thema.

Frühwinter

# Rilettes de lapin

### Zutaten

Flomen (Bauchspeck vom Schwein) oder **Kochspeck**
**Hase** oder **Kaninchen**
Wilde **Wurzeln** (z. B. Wilde Möhre oder Pastinake)
Dörräpfel
Wildkräuter (z. B. Dost oder Thymian)
Selleriesamen
Salz

Rillette, eine französische Spezialität, ist ein Brotaufstrich aus Fleisch oder Fisch, die in Fett konserviert sind. Die traditionellen Rezepte werden gerne mit dem Zusatz »à l'ancienne« (auf die altmodische Art) bezeichnet. Dieses pfahlbautaugliche Rezept wäre demnach sehr »vraiment à l'ancienne«.

### Zubereitung

Den Speck bei mäßiger Hitze auslassen, bis alles Fett ausgeschmolzen und die Grieben (Reste des ausgebratenen Specks) klein und knusprig sind. Das Fett durch ein Sieb in ein Gefäß abgießen || Das zerteilte Kaninchen in einem großen Topf portionsweise anbraten || Wasser, Wurzelgemüse, Dörräpfel, Wildkräuter, Selleriesamen und Salz zufügen || Alles zusammen so lange kochen, bis das Fleisch faserig zer-

**Tipp:** Viele Rilettes-Rezepte enthalten als Zutat Wein. Die leichte Säure und die fruchtige Note, die dem Gericht extra Geschmack verleihen, werden hier mit gedörrten Wildäpfeln erzielt.

fällt || Das Fleisch aus dem Topf nehmen und mit den Fingern oder zwei Gabeln von den Knochen lösen und in kleine Stücke zerteilen. Dabei sämtliche Knochen und Knorpel sorgfältig entfernen || Die weich gekochten Wurzeln zerdrücken, holzige Kräuterbestandteile entfernen und dann den Sud reduzieren. Diesen wieder den Fleischfasern zufügen und alles gut vermengen || Das Fleisch in Gefäße füllen || Schmalz erwärmen und über das Fleisch gießen, bis es mit Fett bedeckt ist || An einem kühlen Ort aushärten lassen.

Frühwinter

# Geschmorter Schweinekopf mit Blutfladenbrot

### Zutaten
Schweinekopf
Halber **Kopf** und **Schwanz** eines **Schweins**
Butterschmalz
Thymian
Wilde Möhren (alternativ Karotten)
Salz
Blutfladenbrot
Blut (Schweineblut)
Mehl (Emmer, Einkorn, Weizen, auch gemischt)
Dunkles Bier
Pottasche

*Für dieses Gericht wird Nose-to-Tail wörtlich genommen und ein halber Schweinekopf sowie der Schwanz stundenlang bei niedriger Hitze im Ofen geschmort. Das Ergebnis ist köstlich; denn das Muskelfleisch des Schweinekopfs ist von Knochen und Fett umgeben und daher wunderbar saftig. Gleiches gilt für den Schwanz.*

### Zubereitung ①
**Schweinekopf:** Schweinekopf und -schwanz waschen, abtrocknen und von allen Seiten in Butterschmalz scharf anbraten || Mit etwas Wasser ablöschen, dann Thymian und Karotten beigeben || Abdecken und bei schwacher Hitze mehrere Stunden im Ofen schmoren || Beim Schmoren gelegentlich mit Sud übergießen, dabei nach Bedarf Wasser

Frühwinter

Gewürzkräuter nach Belieben (z. B. Pastinaken- oder Selleriesamen)
Salz

nachfüllen, so dass der Gefäßboden immer mit Flüssigkeit bedeckt ist || Am Ende der Schmorzeit den Deckel abnehmen und bei höherer Hitze so lange fertigbraten, bis die Schwarte braun und knusprig ist.

**Blutfladenbrot:** Alle Zutaten mischen und gut kneten || Zugedeckt ruhen lassen || Portionenweise Kugeln formen und diese zu Fladen auswallen || In der Bratpfanne, im Backofen, auf einem heißen Stein, dem Crêpe-Maker oder der Herdplatte knusprig backen.

Frühwinter

# Bohneneintopf mit Schweinefüßen

**Zutaten**
Schweinefüße
Ackerbohnen
Wilde Möhren (alternativ Karotten)
Pastinaken
Schweine- oder Butterschmalz
Thymian
Wilde Würzkräuter der Saison (z. B. Knoblauchsraukensamen)
Salz

*Neben Kopf und Schwanz sind auch die Schweinefüße nicht zu verachten. Was aber ein Leben lang das Gewicht eines gut gemästeten Schweins getragen hat, braucht seine Zeit, bis es im Topf gar ist.*

**Zubereitung**

Schweinefüße waschen, abtrocknen, mit Salz einreiben und an einem kühlen, trockenen Ort mindestens eine Nacht lang ruhen lassen || Ackerbohnen waschen und über Nacht einweichen || Wilde Möhren und Pastinaken putzen, in Scheiben schneiden und in Schweine- oder Butterschmalz scharf anbraten || Schweinefüße ebenfalls in Schmalz scharf anbraten und zum angebratenen Wurzelgemüse dazugeben || Ablöschen und Wasser zugeben, bis die Schweinefüße fast vollständig mit Wasser bedeckt

sind || Thymian und den Großteil der wilden Kräuter zugeben || Abdecken und bei schwacher Hitze mehrere Stunden köcheln lassen || Ackerbohnen halbgar kochen und das Kochwasser weggießen || Wenn bei den Schweinefüßen die ersten Knochen sichtbar werden, halbgare Ackerbohnen und etwas Salz zugeben, alles gut vermengen || Weitere Stunden auf kleiner Flamme köcheln lassen, dabei gelegentlich umrühren und bei Bedarf etwas Wasser zufügen, damit der Eintopf nicht anbrennt || Wenn die Schweinefüße so gar sind, dass die Knochen sich aus dem Verband zu lösen beginnen und sich beim Umrühren Teile der Schwarte ablösen, Schweinefüße entnehmen || Schweinefüße auslösen und das (wenige) Muskelfleisch und alles, was man davon sonst noch essen will, beiseitelegen || Bohneneintopf mit Salz abschmecken und mit gehackten Wildkräutern bestreut servieren. Dazu das Fleisch der Schweinefüße reichen.

Mittwinter

# Völlerei und Hunger

*Auch die Pfahlbauer kannten ziemlich sicher Feste, bei denen man sich die Bäuche vollschlug. Auf die Idee, danach im Wald herumzurennen, Baumstämme zu stemmen oder planlos auf dem See hin und her zu rudern, kamen sie bestimmt nicht. Denn in der Jungsteinzeit und Bronzezeit gab es auch das Gegenteil von Überfluss: die Entbehrung und den Hunger. Interessanterweise ist der Überfluss archäologisch sehr viel schlechter nachzuweisen als der Mangel, der sich im Extremfall bis auf die Knochen auswirkt.*

*So könnte ein pfahlbauzeitliches Festmahl ausgesehen haben*

## Hoch die Tassen

Mangel- und Fehlernährung wirken sich vor allem während des Wachstums bis auf die Knochen und die Zähne aus. Von Skeletten aus der Jungsteinzeit kennen wir solche Hinweise beispielsweise in Form von Zahnschmelz-Fehlbildungen oder porösen Knochen in den Augenhöhlen *(Cribra orbitalia)*. Gleichzeitig gab es sicher viele Anlässe, die mit üppigen und speziellen Speisen und Getränken verbunden waren, von individuellen Lebensereignissen wie Vermählung oder Beerdigung über religiöse Feste bis hin zu jahreszeitlichen Feiern. Anhäufungen von zerschlagenem Geschirr, vor allem Ess- und Trinkgeschirr, finden sich bei jungsteinzeitlichen Gräbern ebenso wie in bronzezeitlichen Fundstellen. Handelt es sich hier um die Reste eines üppigen Trinkgelages? Neben dem gemeinsamen Bechern und Feiern ist uns ja auch heute noch das Zerschlagen von Geschirr als feierlicher Akt bekannt: Scherben bringen bekanntlich Glück!

Ganze Gefäße sind seit der ausgehenden Jungsteinzeit häufige Grabbeigaben, in der Spätbronzezeit finden sich in Gräbern sogar ganze Geschirrsätze. Es ist denkbar, dass man Verstorbenen einen Teil der Küchenausstattung für das Jenseits mitgegeben hat. Häufig handelt es sich um kleine Trinkgefäße, reich verzierte Flaschen und Amphoren, die zum Aufbewahren von Flüssigkeiten dienten, oder Schalen zum Servieren von Essen, und gelegentlich legte man auch noch eine Schweinehaxe dazu. Wollte man den Verstorbenen Proviant für den Weg ins Jenseits mitgeben? Glaubte man an ein (ewiges) Gelage nach dem Tod? Oder ist es schlicht das Geschirr von der Totenfeier, das man im Grab oder der Urne niederlegte? Die Grabbeigaben zeugen jedenfalls von Jenseitsvorstellung und machen deutlich, dass Essen weit mehr als nur schlichte Nahrungszufuhr war.

*Bronzezeitliche Urne aus Beringen-Unter dem Stalden (CH) mit Trink- und Serviergefäß während der Ausgrabung*

Mittwinter

## Krafttiere und spirituelle Energien

Du bist, was du isst. Damit ist heute vor allem die Aufforderung verbunden, Lebensmittel zu sich zu nehmen, die einem guttun. Dahinter steckt aber auch die Idee, dass man Körper und Geist durch die Nahrung beeinflussen und formen kann. Einigen Tierarten oder Körperteilen von Tieren misst man noch heute eine besondere Bedeutung zu: Der Verzehr von Kalbsbries soll das Wachstum von Kindern fördern und jenes von Hoden die Manneskraft stärken. In der Bronzezeit lassen Darstellungen von Wasservögeln auf Gefäßen, Rasiermessern, Schlüsseln oder Miniaturwagen mit Sonnenscheiben auf deren symbolische Bedeutung als Vermittler zwischen den Welten schließen. War Entenbraten also schon vor Jahrtausenden ein Festessen mit besonderer Bedeutung? Hat man sich mit dem Entrecôte auch die Kraft des Tieres einverleibt? Sauber abgetrennte Hörner von Hausrind, Ziege, Ur und Wisent, die Archäologinnen in jungsteinzeitlichen Siedlungen zum Beispiel in Arbon-Bleiche 3 (CH) nahe bei den Hauswänden gefunden haben, waren vermutlich mehr als nur Dekoration. Aus derselben Pfahlbausiedlung am Bodensee stammen zudem Dutzende Schulterblätter mit auffälligen Brandspuren. Experimente zeigen, dass solche Spuren nicht bei der normalen Essenszubereitung entstehen, sondern wenn man auf den Knochen ein kleines Feuer entzündet. Offensichtlich waren die Schulterblätter Teil ritueller Handlungen.

Und dann gibt es noch diese länglichen Tonobjekte mit zwei Spitzen, deren Form an Rinderhörner oder den sichelförmigen Halbmond erinnern. Archäologen rätseln seit Generationen über Funktion und Bedeutung dieser sogenannten »Mondhörner«, die in spätbronzezeitlichen Siedlungen regelmäßig entdeckt werden. Viele der Funde müssen aufgrund von Brandspuren mit Feuer in Kontakt gewesen sein. Sie wurden daher als Feuerböcke, also als Gestelle zum Auflegen von Holzscheiten, gedeutet. Andere Forscher gehen davon aus, dass es sich um Teile von Feueraltären handelt.

*Dieser Schädel eines Auerochsen mit Hörnern hing wahrscheinlich an einer Hausfassade in Arbon-Bleiche 3 (CH)*

Mittwinter

*Profan oder kultisch? Wozu dienten diese zwei Mondhörner von der Insel Eschenz-Werd (CH)?*

## Stoned Age

Wahrscheinlich ist die Verwendung von Rauschmitteln so alt wie die Menschheit. Einige Forscher glauben sogar, dass die Menschen nur zum bäuerlichen Lebensstil übergingen, um Rauschmittel – genauer Bier – herzustellen. Sie berufen sich dabei auf Funde aus Göbekli Tepe, einem Kultplatz aus dem 10. und 9. Jahrtausend v. Chr. in der heutigen Südosttürkei. Neben den berühmten kreisförmig angeordneten, gravierten Stelen entdeckten Archäologen dort mehrere große Steingefäße, die Reste von Bierstein (kalkhaltige Ablagerungen) enthielten. Ob tatsächlich Bier gebraut wurde, lässt sich nicht mit Sicherheit sagen; denn die Reste deuten lediglich auf einen Fermentierungsprozess hin. Allerdings befindet sich Göbekli Tepe (TK) genau in der Region, in der die Wildformen der Getreide (zum Beispiel Weizen und Gerste) wachsen, die just zu jener Zeit domestiziert wurden, als dort Hunderte von Menschen Gelage feierten.

Dass in den Pfahlbauten ziemlich sicher Bier gebraut wurde, konnte an angebrannten Krusten aus gekeimten Gerstenkörnern in Gefäßen verschiedener jungsteinzeitlicher Siedlungen am Bodensee und Zürichsee gezeigt werden. Die Analysen sind schwierig und aufwändig, aber vermutlich waren Getreidebier beziehungsweise gemalzte Getreidegerichte weit verbreitet. Zudem können alkoholhaltige Getränke theoretisch auch aus vergorenen Früchten, Honig oder Milch hergestellt worden sein.

Zudem waren vor den Haustüren der Pfahlbauerinnen Rauschmittel mit wahrnehmungsverändernder Wirkung zu finden, zum Beispiel Pilze aus der Kategorie »magic mushrooms« wie der Fliegenpilz *(Amanita muscaria)* oder der Spitzkegelige Kahlkopf *(Psilocybe semilanceata)*. Der Nachweis, dass diese gesammelt und konsumiert wurden, fehlt aber bisher, weil sich Pilzreste in den Kulturschichten der Pfahlbauten nicht erhalten.

*Jedes Kind weiß, dass der Fliegenpilz giftig ist; er ist aber auch berauschend*

*Mohnsamen wie dieser in Großaufnahme finden sich zuhauf in Pfahlbausiedlungen*

Zu den wichtigsten angebauten Pflanzen gehörte der Schlafmohn *(Papaver somniferum)*. In größeren Mengen verzehrt haben Mohnsamen eine leicht einschläfernde Wirkung, und durch einen Drogentest würde man es auch nicht mehr schaffen. Im Rauschzustand ist man deswegen aber noch lange nicht. Außerdem waren die Ochsenkarren der Pfahlbauerinnen langsam unterwegs, und Drogentests gab es vermutlich auch noch keine. Deutlich stärkere Drogen lassen sich aus anderen Teilen der Pflanze gewinnen, besonders aus dem Saft, der beim Anritzen aus den unreifen Kapseln tritt (Roh-Opium). Der Fund einer angeritzten Samenkapsel steht allerdings aus den Pfahlbauten noch aus.

## Pflanze des Monats
### Weißer Gänsefuß: Der Vielsamige

Archäophyten sind Pflanzen, die sich vor 1492, also vor der Entdeckung Amerikas durch Christoph Kolumbus, durch direkte oder indirekte menschliche Einflüsse in einem neuen Gebiet ausgebreitet haben. Der Weiße Gänsefuß *(Chenopodium album)* ist solch ein Archäophyt. Er gelangte in der Jungsteinzeit zusammen mit den Kulturpflanzen – quasi als blinder Passagier – nach Mitteleuropa und ist seither nicht mehr von hier wegzudenken.

Seinen Namen erhielt der Gänsefuß aufgrund seiner Blätter, die im Umriss an die Schwimmfüße von Gänsen erinnern. Gänsefußgewächse lieben tiefgründige, fruchtbare Böden und gedeihen bevorzugt in Getreidefeldern und auf Brachen. Eine einzelne Pflanze bildet bis zu 1,5 Millionen embryoartiger Samen, die rund einen Millimeter groß sind und schwarz glänzen. Diese Samen werden in Pfahlbausiedlungen regelmäßig gefunden, sogar als Vorräte. Aus historischer Zeit ist bekannt, dass die Samen des Weißen Gänsefußes in Notzeiten als Mehlersatz dienten und daraus sogenannte »Hungerbrote« hergestellt wurden. Aber Achtung, die Samen enthalten Oxalsäure, die sich nur durch Rösten, Wässern oder Kochen entfernen lässt. Dann schmecken die Samen wie Quinoa. Die Blätter kann man ebenfalls essen. Sie haben einen nussigen, leicht kohlartigen Geschmack. Auch hier ist der Verzehr größerer Mengen nicht zu empfehlen, da die Blätter – wie auch die Wurzeln – Saponine enthalten. Diese leicht giftigen, schaumbildenden Stoffe können aus zerstoßenen, frischen Wurzeln gewonnen und als Seife eingesetzt werden. Wir hoffen, dass die Pfahlbauer wussten, wie man den Weißen Gänsefuß ohne Nebenwirkungen nutzt.

Mittwinter

## Markbein mit Hungerbrot

**Zutaten**
Samen des Weißen
Gänsefußes
Föhrenbast
Eicheln (gewässert
und geröstet)
Vollkornmehl (Mischung
aus Weizen, Gerste,
Emmer, Einkorn)
Sauerteig-Anstellgut
Markbein (längs
aufgeschnitten)
Salz

*Überfluss und Mangel in einer Mahlzeit vereint: Das pure Fett des Knochenmarks, gewürzt mit kostbarem Salz, und dazu drei verschiedene Brote mit gestrecktem Mehl. Wer dieses Gericht zubereiten möchte, muss vorsorgen, so wie das alle Pfahlbauerinnen gemacht haben: Im Frühling die Bastschicht frisch gefällter Föhren abziehen, im Spätsommer Gänsefußsamen und im Herbst Eicheln sammeln.*

**Zubereitung**

Gänsefußsamen über Nacht einweichen || Das Einweichwasser abgießen und die Samen in viel Wasser gar kochen, dann in einem Sieb abtropfen lassen || Den Föhrenbast im Ofen rösten, in einem Mörser zerkleinern und danach im Mixer, einer Getreide- oder einer Kaffeemühle mahlen || Die Eicheln mah-

**Tipp:** Für Rindenbrot eignet sich zum Beispiel die Bastschicht von Föhren. Der Bast wird getrocknet und gemahlen. Das Tannin (pflanzliche Gerbstoffe) ist jedoch schwer verdaulich. Durch vorgängiges Rösten entfernt man die Gerbsäure. Zurück bleibt ein angenehm harziger Geschmack.

len || Das Getreidemehl, etwas Salz und Anstellgut vermengen und gehen lassen || Den Teig in drei Teile aufteilen und je etwas Eichelmehl, den gemahlenen Föhrenbast und Gänsefußsamen zufügen || Nochmals gehen lassen || Kleine Brote formen || Das Markbein mit grobem Salz bestreuen und zusammen mit den Brötchen im Ofen backen, bis das Knochenmark blubbert und die Brötchen knusprig braun sind.

## Mittwinter

### Wildschweinkeule aus dem Erdofen

**Zutaten**
Wildschweinkeule mit Knochen
Dunkles Bier
Honig
Thymian
Grobes Salz

Erdgrube
altes Leintuch

In bronzezeitlichen Landsiedlungen (im Gegensatz zu den Pfahlbaudörfern am und im Wasser) finden Archäologen immer wieder sogenannte »Hitzesteingruben«: rechteckige Gruben, in denen durch Hitze geborstene und gerötete Steine liegen. Darauf liegt oft eine dicke Holzkohleschicht. Sie werden unter anderem als Gargruben gedeutet. Hier wird der praktische Beweis angetreten.

**Zubereitung**

Die Fettseite der Wildschweinkeule würfelförmig einschneiden || Bier und Honig vermengen und leicht erwärmen || Das Fleisch von allen Seiten mit der Honig-Bier-Marinade einreiben, mit grobem Salz und frischen oder getrockneten Thymianblättchen bestreuen || Das Fleisch ruhen lassen, während

die Erdgrube vorbereitet wird || Eine etwa knietiefe Grube ausheben und mit hitzebeständigen Steinen auslegen, die beim Kontakt mit dem Feuer nicht zerspringen || Ein Feuer in der Grube entfachen und ordentlich heizen || Weitere Steine auf den letzten Schub Holz geben und erhitzen. Warten, bis das Holz zu Glut verbrannt ist || Die zuletzt in die Grube gegeben Steine mit einer Schaufel herausheben || Hohes, grünes Gras schneiden und eine dicke Schicht davon auf dem Glutbett ausbreiten || Die Wildschweinkeule auf das Gras betten und mit einer zweiten Grasschicht bedecken || Die heißen Steine obenauf legen und nochmals mit Gras bedecken || Die Grube mit einem alten Leintuch auslegen || Erde auf das Tuch schaufeln, bis die Grube gefüllt ist || Zwei bis drei Stunden garen lassen || Die Erde bis zum Tuch entfernen. Das Tuch vorsichtig herausheben, so dass keine Erdkrümel herunterfallen || Die Wildschweinkeule ausgraben, servieren und genießen.

Mittwinter

## Blutbuben

**Zutaten**

Mehl (z. B. Vollkornmehl aus Emmer, Einkorn und Weizen)

Blut (Schweineblut)

Butterschmalz

Honig

Hagebuttenmark oder Fruchtaufstrich aus Hagebutten

*Das Mittwinterfest naht (heute ist es bei uns besser bekannt unter dem Namen Weihnachten) und weit und breit sind keine Vogeleier, um Guetzli zu backen. Kein Problem, etwas Blut tut's auch. Und nach dem Backen könnte man erst noch meinen, es handle sich um Schokoladenteig.*

**Zubereitung**

Mehl in eine Schüssel geben, in der Mitte eine Mulde formen. Blut hineingeben und vom Rand her mit dem Mehl vermengen || Weiches oder geschmolzenes Butterschmalz und Honig zufügen || Alles zu einem Teig vermengen. Ist der Teig zu trocken, etwas Wasser hinzufügen. Kurz kaltstellen || Auf Halbfingerdicke auswallen || Runde Plätzchen ausstechen, in die Hälfte davon mittig kleinere Löcher ausstechen,

**Tipp:** Die Menge Blut, die in einer Eierschale Platz hätte, ersetzt ein Ei und sorgt für einen luftigen Teig. Und der Teig braucht keine Prise Salz, weil das Blut bereits leicht salzig ist.

so dass Ringe entstehen || Backen, bis der Teig eine braune Farbe angenommen hat. Auskühlen lassen || Auf die runden Plätzchen Hagebuttenmark streichen und die Ringe aufsetzen.

Mittwinter

# Schlehen-Pastinaken-Plätzchen

**Zutaten**
Schlehen
Pastinaken
Butterschmalz
Honig
Grünkernmehl
Dinkelvollkornmehl

Hier noch eine vegetarische Plätzenvariante: Die geschmorten Pastinaken bilden die Grundmasse, das Schlehenmus sorgt für die fruchtige Note, der Honig für die Süße, und durch die Zugabe von Mehl wird aus dem Ganzen ein Plätzchenteig, der sich gut verarbeiten lässt.

**Zubereitung**

Nach den ersten richtig kalten Frostnächten Schlehen pflücken || Schlehen kochen, bis sie zerfallen || Schlehenmus von den Kernen und Schalen trennen, indem man die gekochten Schlehen durch ein Tuch, ein Sieb oder die Flotte Lotte passiert || Pastinaken putzen, in Stücke schneiden und im Ofen mit ein wenig Butterschmalz schmoren, bis sie weich und glasig sind || Pastinaken zu einer Paste zerdrücken und mit

**Tipp:** Wer kein Grünkern- und Dinkelmehl zur Hand hat, kann auch das Mehl von anderen Getreidearten verwenden, die die Pfahlbauerinnen bereits kannten, wie Einkorn, Emmer oder Weizen.

reichlich Schlehenmus sowie etwas Honig vermengen || Grünkern- und Dinkelmehl beigeben und zu einem gut formbaren Plätzchenteig verkneten || Teig auf einer mit Mehl bestäubten Fläche auswallen || Plätzchen ausstechen und bei mittlerer Hitze im Ofen backen, bis sie sich aufwölben und braun werden. Die Schlehen-Pastinaken-Plätzchen schmecken frisch am besten.

# Kandierte Gallerttrichterlinge

**Zutaten**
Rote Gallerttrichterlinge
*(Tremiscus helvelloides)*
Honig

*Der Name kommt nicht von ungefähr: Rote Gallerttrichterlinge haben nicht nur eine auffällige Form und Farbe, sondern auch eine sehr eigenwillige Konsistenz. Sie sind essbar, aber geschmacklich wenig überzeugend. So werden aus dem Pilz durch Kandieren pfahlbauzeitliche Gummibärchen gemacht. Dabei wird durch osmotische Prozesse ein Großteil des Wassers durch Zucker beziehungsweise Honig ersetzt.*

**Zubereitung**
Gallerttrichterlinge sorgfältig putzen, waschen und in möglichst flache Stücke schneiden || Gallerttrichterlinge in kochendem Wasser kurz aufkochen, aus dem Wasser nehmen und die Oberfläche durch Einstechen perforieren || Honig mit 35 %

**Tipp:** Das (wiederholte) Aufkochen zerstört einerseits wertvolle Inhaltsstoffe des Honigs, andererseits garantiert es eine gewisse Sterilität und verhindert dadurch ein Verderben der Gallerttrichterlinge und der Honiglösung, bis eine Honigkonzentration erreicht ist, die dauerhaft konservierend wirkt.

Mittwinter

Wasser verdünnen und zum Sterilisieren kurz aufkochen || Gallerttrichterlinge zugeben, nochmals kurz aufkochen, vom Feuer nehmen, dafür sorgen, dass die Pilze vollständig mit Honiglösung bedeckt sind, und so stehen lassen || Nach zwei bis drei Tagen die Pilze entnehmen und die Honiglösung etwas einkochen, Pilze wieder zugeben, nochmals aufkochen und vollständig mit Honiglösung bedeckt wiederum zwei bis drei Tage ruhen lassen || Diesen Prozess mindestens zwei Wochen mehrfach wiederholen || Gallerttrichterlinge aus der Honiglösung entnehmen und auf einem sauberen Netz oder einem Gitter zum Trocknen auslegen und – immer, wenn sich Gelegenheit bietet – mit Restwärme im Kuppelofen oder Backrohr zusätzlich trocknen.

## Schokoladenkuchen

**Zutaten**

Trockenfrüchte (reichlich, z. B. Physalis, Apfel, Heidelbeeren)
Butterschmalz
Frisches (Schweine-)Blut
Leinsamen, geschrotet (reichlich)
Mohn, geschrotet oder ganz (wenig)
Haselnüsse (gemahlen) und einige ganze Nüsse
Grünkern, geröstet und ganz (wenig)
Honig (reichlich)

*Dieser Kuchen sieht aus wie ein Schokoladenkuchen und schmeckt auch so. Die Kombination von gemahlenen Haselnüssen, Honig und Blut ergibt einen unglaublich ähnlichen Geschmack. Das Blut und die geschroteten Leinsamen ersetzen die Eier und sorgen für einen luftigen Teig, der dennoch zusammenhält.*

**Zubereitung**

Backofen vorheizen || Trockenfrüchte gegebenenfalls zerkleinern || Kastenform mit Butterschmalz ausstreichen || Butterschmalz bei niedriger Temperatur schmelzen und sofort das Blut unterrühren || Die Mischung möglichst schaumig rühren, solange das Schmalz noch flüssig ist, notfalls zwischendrin nochmals leicht erhitzen (nicht kochen, da sonst das Blut gerinnt) || Alle übrigen Zutaten zufügen und gut

 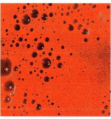  

umrühren. Die Masse sollte dickflüssig sein, aber nicht breiartig || Wenn die Masse zu dick wird, kann man mehr Blut oder etwas Apfelsaft zugeben || Alles in die Kastenform leeren und im vorgeheizten Backofen bei mittlerer Hitze backen. Die Backzeit variiert je nach Größe der Form und Feuchtigkeit des Teiges. Mit einem Holzstäbchen kontrollieren, ob alles gut durchgebacken ist (ca. 40 Min.).

Mittwinter

# Sauerteig-Grissini

**Zutaten**
Sauerteig-Anstellgut
Ruchmehl
Grieß
Dill- oder Selleriesamen
Salz

Wer fleißig wöchentlich seinen Sauerteig füttert, weiß, dass man jeweils einen Teil des Anstellgutes entsorgt. Es wäre jedoch viel zu schade, dieses kostbare Stückchen Teig wegzuwerfen: Mit wenig Aufwand und aus verschiedenen Mehlsorten, Wasser und Gewürzen lassen sich zum Beispiel leckere Knabberstangen herstellen.

### Zubereitung

Das Anstellgut mit Mehl, Grieß, Salz, Wasser und mit den im Mörser zermahlenen Gewürzsamen zu einem geschmeidigen Teig verkneten || Einen halben Tag aufgehen lassen || Den Teig portionieren (etwa so groß wie Wildäpfel) und die Stücke auf einer mit Grieß bestreuten Fläche zu dünnen Stangen ausrollen. Wahlweise etwas kürzere, dickere Stangen rollen, diese flach drücken und zu einer Spirale verdrehen || Im Ofen backen, bis die Grissini leicht gebräunt sind.

**Tipp:** Die Grissini nach dem Formen in Mohn- oder Leinsamen wälzen.

# Challenge-Rezepte

Auf dem PalaFitFood-Blog wurde die Community jeden Monat zu einer Challenge herausgefordert. Es galt, aus vorgegebenen saisonalen Zutaten pfahlbautaugliche Rezepte zu kreieren. Diese Herausforderung wurde angenommen und zahlreiche, sehr kreative Rezepte sind eingegangen. Diese kleine Auswahl ist als Appetitanreger zu verstehen, um weitere Gerichte auf der Website zu entdecken.

## Karpfen im Lehmmantel
**Zeiteninsel, AG Lebendige Archäologie**

## Bronzezeitliche Partysnacks
**Alexander Dittus**

## Karamellisiertes Schweinefleisch mit Dinkel und Brennesseln
**Soline und Nicolas Baptiste, Orrachan**

## Fruchtige Nusspralinen
**Eva Willberg**

# Warenkorb: Lebensmittel der Pfahlbauer

Die Tabelle enthält eine Auswahl an Tieren, Pflanzen, Früchten und Gemüsen, die in den Pfahlbauten häufig nachgewiesen sind. Jene mit * kommen erst ab der Bronzezeit vor. Die vollständigen Tier- und Pflanzenlisten sind auf der Website www.palafitfood.com zu finden. Einige der Pflanzen und Tiere sind heute vom Aussterben bedroht und daher geschützt. Pflücke nur Wildpflanzen, die du sicher kennst, und nur dort, wo es erlaubt ist. Nimm Bücher, das Internet oder Apps zu Hilfe, um zu erfahren, welche Teile essbar sind, wo du sie findest, wann sie reif sind und wie sie zubereitet werden sollten. Wir übernehmen keine Verantwortung für selbstgesammelte Lebensmittel.

| Kategorie | Lebensmittel | Lateinischer Name |
|---|---|---|
| Bäume | Weißtanne | *Abies alba* |
| | Berg-Ahorn | *Acer pseudoplatanus* |
| | Erle | *Alnus* spec. |
| | Birke | *Betula* spec. |
| | Haselstrauch | *Corylus avellana* |
| | Rotbuche | *Fagus sylvatica* |
| | Gewöhnliche Esche | *Fraxinus excelsior* |
| | Fichte | *Picea abies* |
| | Eiche | *Quercus* spec. |
| | Schwarzer Holunder | *Sambucus nigra* |
| | Sommer-Linde | *Tilia platyphyllos* |
| Eier | Wildvogeleier | |
| Fische | Felchen | *Coregonus* spec. |
| | Hecht | *Esox lucius* |
| | Flussbarsch / Egli | *Perca fluviatilis* |
| | Rotauge | *Rutilus rutilus* |
| | Lachs | *Salmonidae* |
| | Wels | *Silurus glanis* |

| | | |
|---|---|---|
| Sammelfrüchte und -beeren | Wald-Erdbeere | *Fragaria vesca* |
| | Holzapfel | *Malus sylvestris* |
| | Physalis/Gewöhnliche Blasenkirsche | *Physalis alkekengi* |
| | Traubenkirsche | *Prunus padus* |
| | Schlehe/Weißdorn | *Prunus spinosa* |
| | Eicheln | *Quercus* spec. |
| | Hagebutte | *Rosa* spec. |
| | Blaue Brombeere | *Rubus caesius* |
| | Echte Brombeere | *Rubus fruticosus* agg. |
| | Himbeeren | *Rubus idaeus* |
| | Holunder | *Sambucus* spec. |
| | Heidelbeere | *Vaccinium myrtillus* |
| Wildgemüse und -kräuter | Wiesen-Schafgarbe | *Achillea millefolium* agg. |
| | Giersch (Geißfuß) | *Aegopodium podagraria* |
| | Gemeiner Frauenmantel | *Alchemilla vulgaris* agg. |
| | Knoblauchsrauke | *Alliaria petiolata* |
| | Bärlauch | *Allium ursinum* |
| | Wiesen-Kerbel | *Anthriscus sylvestris* |
| | Echter Sellerie | *Apium graveolens* |
| | Große Klette | *Arctium lappa* |
| | Gemeiner Beifuß | *Artemisia vulgaris* |
| | Gewöhnliche/Ruten-/Spieß-Melde | *Atriplex patula* |
| | Winterkresse/Barbarakraut | *Barbarea vulgaris* |
| | Gänseblümchen | *Bellis perennis* |
| | Gemüse-Kohl | *Brassica oleracea* |
| | Glockenblume | *Campanula* spec. |
| | Gemeines Hirtentäschel | *Capsella bursa-pastoris* |
| | Gänsefuß | *Chenopodium album* |
| | Acker-Kratzdistel | *Cirsium arvense* |
| | Wilde Möhre | *Daucus carota* |
| | Wiesen-Bärenklau | *Heracleum sphondylium* s.l. |
| | Hopfen | *Humulus lupulus* |
| | Wiesen-Margerite | *Leucanthemum vulgare* |
| | Wilde Malve | *Malva sylvestris* |

## Warenkorb

| | | |
|---|---|---|
| | Hopfenklee | *Medicago lupulina* |
| | Echte Brunnenkresse | *Nasturtium officinale* |
| | Wald-Sauerklee | *Oxalis acetosella* |
| | Pastinake | *Pastinaca sativa* |
| | Große Bibernelle | *Pimpinella major* |
| | Spitz-Wegerich | *Plantago lanceolata* |
| | Acker-Rettich | *Raphanus raphanistrum* |
| | Wiesen-Sauerampfer | *Rumex acetosa* |
| | Gewöhnlicher Kleiner Sauerampfer | *Rumex acetosella* agg. |
| | Großer Wiesenknopf | *Sanguisorba officinalis* |
| | Acker-Senf | *Sinapis arvensis* |
| | Weg-Rauke | *Sisymbrium officinale* |
| | Kohl-Gänsedistel | *Sonchus oleraceus* |
| | Gewöhnlicher Löwenzahn | *Taraxacum officinale* agg. |
| | Wassernuss | *Trapa natans* |
| | Große Brennnessel | *Urtica dioica* |
| | Ackersalat/Feldsalat/ Nüsslisalat | *Valerianella locusta* |
| | Dunkle Königskerze | *Verbascum* cf. *nigrum* |
| Wildkräuter | Dill | *Anethum graveolens* |
| | Borstige Bergminze/ Wirbeldost | *Clinopodium vulgare* |
| | Waldmeister | *Galium odoratum* |
| | Echter Wacholder | *Juniperus communis* s.l. |
| | Echte Kamille | *Matricaria chamomilla* L. |
| | Echter Dost | *Origanum vulgare* |
| | Thymian | *Thymus* spec. |
| | Gewöhnliches Eisenkraut | *Verbena officinalis* |
| Kulturpflanzen | Saat-Leindotter | *Camelina sativa* |
| | Gerste | *Hordeum* spec. |
| | Linse * | *Lens culinaris* |
| | Lein/Flachs | *Linum usitatissimum* |
| | Echte Hirse/Rispenhirse * | *Panicum miliaceum* |
| | Schlafmohn | *Papaver somniferum* |
| | Erbse | *Pisum sativum* |

## Warenkorb

| | | |
|---|---|---|
| | Kolbenhirse * | *Setaria italica* |
| | Nacktweizen | *Triticum aestivum s.l./durum/turgidum* |
| | Emmer | *Triticum dicoccon* |
| | Einkorn | *Triticum monococcum* |
| | Dinkel * | *Triticum spelta* |
| | Ackerbohne * | *Vicia faba* |
| Milchprodukte | Butter | |
| | Frischkäse | |
| | gesottene Butter/Butterschmalz | |
| | Milch | |
| | Quark | |
| | Rahm | |
| Nüsse | Haselnuss | *Corylus avellana* |
| | Bucheckern | *Fagus sylvatica* |
| Nutztiere | Hausrind | *Bos taurus* |
| | Hund | *Canis familiaris* |
| | Hausziege | *Capra hircus* |
| | Hausschaf | *Ovis aries* |
| | Hausschwein | *Sus domesticus* |
| Pilze | verschiedene Speisepilze | |
| Honig | Honig | |
| Wildtiere | Elch | *Alces alces* |
| | Stockente | *Anas plathyrhynchos* |
| | Graugans | *Anser anser* |
| | Graureiher | *Ardea cinerea* |
| | Auerochse | *Bos primigenius* |
| | Wolf | *Canis lupus* |
| | Steinbock | *Capra ibex* |
| | Reh | *Capreolus capreolus* |
| | Biber | *Castor fiber* |
| | Rothirsch | *Cervus elaphus* |
| | Ringeltaube | *Columba palumbus* |
| | Schwan | *Cygnus columbianus* |
| | Europäische Sumpfschildkröte | *Emys orbicularis* |

## Warenkorb

| | | |
|---|---|---|
| | Wildpferd | *Equus ferus* |
| | Hase | *Lepus europ.* |
| | Dachs | *Meles meles* |
| | Grasfrosch | *Rana temporaria* |
| | Gämse | *Rupicapra rupicapra* |
| | Eichhörnchen | *Sciurus vulgaris* |
| | Wildschwein | *Sus scrofa* |
| | Bär | *Ursus arctos* |
| | Fuchs | *Vulpes vulpes* |

# Danksagung

Das Projekt PalaFitFood entstand aus einer spontanen Idee an einer Planungssitzung zum Pfahlbaujubiläum und wurde bei einer Sitzung der Projektgruppe »UNESCO-Welterbe Pfahlbauten« der IBK (Internationale Bodensee-Konferenz) vorgestellt. Wir vier Autor*innen sind begeistert aufgesprungen und haben mehr als ein Jahr lang viel Zeit in das Projekt investiert. Die erfolgreiche Umsetzung des Foodblogs und auch dieses Buches war aber nur dank der Unterstützung möglich, die wir von vielen Seiten erfahren haben. Franziska Pfenninger hat die Idee zum Foodblog über ihren Kollegen Alexander Dittus eingebracht (siehe Challenge-Rezepte). Sie hat mit ihrem Gespür für Ästhetik und zielgruppenorientierte Vermittlung wesentlich zur Qualität dieses Projektes beigetragen. Zudem hat sie ein paar Rezepte und Texte für den Foodblog geliefert.

Für die fachliche Qualitätsprüfung durften wir auf die Unterstützung hochdotierter Archäobotanikerinnen und -zoologen zählen. Mehrere archäobiologische Expertinnen haben bisher unveröffentlichte Artenlisten zur Verfügung gestellt und uns immer wieder bezüglich Tier- und Pflanzenarten, deren Nachweis und Verwendung beraten. Ohne ihren Einsatz wäre der archäobotanische Teil dieses Buches nicht möglich gewesen. Wir danken besonders Prof. Dr. em. Stefanie Jacomet und Prof. Dr. em. Jörg Schibler, die auch bei unseren Koch-Experimenten mitgemacht haben, sowie PD Dr. Elena Marinova-Wolff und Dr. Lucia Wick. Sehr unterstützt hat uns auch Anita Gschwind mit ihren guten Pflanzenkenntnissen, Tipps und Tricks vom Bauernhof und intensivem, treffsicherem Korrekturlesen.

Für den Blog haben wir als unerfahrene Neulinge auf diesem Gebiet Starthilfe erhalten. Besonders wertvoll für die Entwicklung einer einheitlichen Bildsprache waren der Food-Fotografier-Kurs von Tobias Frey in Katharina Schäppis Garten sowie die Unterstützung von Adrian Bringolf bei der Konzipierung der Website. Die professionelle Texterin Cathrin Michael hat alle unsere Blog-Beiträge vor deren Veröffentlichung bearbeitet und wesentlich

## Danksagung

dazu beigetragen, unser Wissenschaftlerinnen-Deutsch kürzer, knackiger und besser lesbar zu machen.

Wir danken allen Beteiligten für den positiven Support. Wir haben neu sehen und lesen gelernt, uns Computer- und Social-Media-Kenntnisse angeeignet und hatten nebenbei einfach ganz viel Spaß beim Sammeln, Kochen, Fotografieren und Texteverfassen.

Ganz entscheidend waren auch die vielfältigen sehr positiven Rückmeldungen, die wir während des gesamten Jubiläumsjahres auf den Blog www.palafitfood.com und den zugehörigen Instagram-Kanal @palafitfood erhielten. Besonders motivierend war dabei, dass die Rückmeldungen nicht nur aus dem Kollegenkreis kamen, sondern großteils von interessierten Laien und aus der Food-Szene. Ebenfalls gefreut hat uns, dass wir damit ein Publikum weit unterhalb der Altersklasse ansprechen konnten, die wir üblicherweise mit unseren Vorträgen zur Archäologie erreichen. Ein besonderes Anliegen ist es uns in diesem Zusammenhang, all jenen zu danken, die mit unglaublicher Kreativität und häufig auch mit unfassbar großem Aufwand an unseren monatlichen Koch-Challenges teilgenommen und Rezepte eingesandt haben. Sie reichen von »Urkorn-Teigtaschen mit Erbsenmus« über »Leinsamen-Thymian-Wegerich-Sauerteigbrot«, »Pastinaken-Rohrkolben-Gemüse«, »Pferdefleischrouladen mit Hirseküchlein und Wildkräutersalat«, »Hirse-Bärlauch-Omelett«, »Bronzezeitliche Partysnacks«, »Saubohnenpralinen auf Himbeerspiegel«, »Sautiertes Kalbsfleisch an Brombeer-Schlehen-Soße, serviert mit Dinkelbulgur, Pilzen und Brombeertrieben«, »Desserts from Lucone«, »Gegrillte Rehkeule mit Wurzelbällchen«, »Fruchtige Nusspralinen«, »Mohnkuchen mit Brennnesselsamen und Hirse«, »Bronze Age seasonal stew with barley, chestnuts, mushrooms, dried apples, jerky and freshly picked wild herbs such as sorrel, purslane, wild arugula and chard«, »Fish skewers with dried and salted beef, served with salted barley porridge and millet with nettle leaves and seeds« und »Rehrücken im Brennnessel-Brombeer-Bett gegart, mit spätherbstlich gefüllten Blätterteigschnecken« bis hin zu »Lentil and kidney broth flavoured with physalis and rosehip«. Diese und noch viel mehr Rezepte der PalaFitFood-

# Danksagung

Challenges sind auf www.palafitfood.com unter dem Reiter »Koch-Challenge« zu finden.

Dieses Projekt kam durch die private Initiative der Autorinnen zustande. Dennoch wäre es ohne die Unterstützung unserer Institutionen nicht zum Fliegen gekommen. Wir durften teilweise die Infrastruktur nutzen, hatten jederzeit Zugang zu den Fundlagern, zu unveröffentlichten Daten oder durften einen Teil unserer Arbeitszeit in das Projekt investieren. Nicht zuletzt erhielten wir finanzielle Unterstützung durch die Länder und Kantone, ohne die der Einbezug von Fachleuten und letztendlich auch die Erstellung dieses Buches nicht möglich gewesen wären.

Links und Literatur

# Links

**Internationale, mehrsprachige Informationen über das Welterbe »Prähistorische Pfahlbauten um die Alpen«:** www.palafittes.org (DE, EN, FR, IT)

**Informationen zu den Pfahlbauten in Baden-Württemberg und Bayern:** www.unesco-pfahlbauten.org

**Pfahlbauten zwischen Zürichsee, Bodensee und Oberschwaben für Touristen und Besucherinnen, mit interaktiver Karte:** https://www.pfahlbauten-bodensee.eu

**Pfahlbauten in Österreich/Welterbe/Kuratorium Pfahlbauten:** https://www.pfahlbauten.at

**Pfahlbaufunde melden:**
Schweiz: https://www.archaeologie.ch
Baden-Württemberg: https://www.denkmalpflege-bw.de/, zuständig ist das Fachgebiet Feuchtbodenarchäologie

# Literatur

Weitere Literaturangaben zu den einzelnen Themen finden sich in den Blogbeiträgen auf der Website www.palafitfood.com.

**Sammeln und Bestimmen von Wildpflanzen**
Beiser, R. (2018) Unsere essbaren Wildpflanzen. Bestimmen, sammeln, zubereiten.
Fitter, R./Fitter, A./Blamey, M. (2000, 3. Aufl.) Pareys Blumenbuch. Blütenpflanzen Deutschlands und Nordwesteuropas.
Fleischhauer, S. G. (2003) Enzyklopädie der essbaren Wildpflanzen. 1500 Pflanzen Mitteleuropas mit 400 Farbfotos.

Hansch, S./Schwarzer, E. (2019) Der Giersch muss weg! 28 Unkräuter bekämpfen oder einfach aufessen.
Hecker, K./Hecker, F. (2020) Kann ich das essen – oder bringt mich das um? Essbare und giftige Wildpflanzen erkennen.
Höller, A./Grappendorfer, D. (2019) Essbare Wildsamen. Finden, sammeln, vielseitig genießen.
Machatschek, M. (1999–2017) Nahrhafte Landschaft 1–4.
Spohn, M./Aichele, D./Golte-Bechtle, M./Spohn, R. (2021, überarbeitet) Was blüht denn da? Sicher nach Farbe bestimmen.

**Pfahlbauarchäologie / Lebensweisen in der Stein- und Bronzezeit**
Archäologisches Landesmuseum Baden-Württemberg und Landesamt für Denkmalpflege im Regierungspräsidium Stuttgart (Hg.) (2016) 4.000 Jahre Pfahlbauten. Begleitband zur Großen Landesausstellung Baden-Württemberg 2016.
Archäologischer Dienst des Kantons Bern (Hg.) (2013) Die Pfahlbauer. Am Wasser und über die Alpen.
Bachmann, A. et al. (2004) Pfahlbauer – Les Lacustres. 150 Objekte erzählen 150 Geschichten.
Bleicher, N. (2018) Steinzeit im Parkhaus. Moderne Archäologie und das unsichtbare Welterbe der Pfahlbauten.
Furger, A./Fischer, C./Höneisen, M. (1998) Die ersten Jahrtausende: Von den Anfängen bis zur Eisenzeit.
Röder, B./Bolliger Schreyer, S./Schreyer, S. (2017) Lebensweisen in der Steinzeit.
Sieber-Seitz, K. (2020) Leben am Wasser. Abenteuer Pfahlbauzeit. Eine Zeitreise für Kinder und Erwachsene.
Suter, P./Schlichtherle, H. (2009) Pfahlbauten – Palafittes – Palafitte – Pile dwellings – Kolišča.

# Abbildungsnachweis

Sofern hier nicht gelistet, gilt für alle Abbildungen. ©PalaFitFood-Team

S. 8: Palafittes overview map, ICG, Grafik: St. Krauth, www.lautschrift.com

S. 9: Landesamt für Denkmalpflege, A. Kalkowski und R. Ebersbach

S. 10: Landesamt für Denkmalpflege Baden-Württemberg, Y. Mühleis

S. 11 oben, 94: Modell: H. Bendel, Foto: Kantonsarchäologie Schaffhausen

S. 11 unten: Landesamt für Denkmalpflege Baden-Württemberg, W. Hohl

S. 12, 20 unten, 29 unten, 52 unten: Amt für Archäologie des Kantons Thurgau, J. Rüthi

S. 17, 85: Landesamt für Denkmalpflege Baden-Württemberg, U. Maier

S. 18, 20 oben, 53, 66, 82, 83 unten, 84 unten, 109, 123, 124, 136, 160: Amt für Archäologie des Kantons Thurgau, D. Steiner

S. 19, 148: Amt für Archäologie des Kantons Thurgau

S. 67 oben: Landesamt für Denkmalpflege Baden-Württemberg, R. Ebersbach

S. 70, 80, 108: K. Schäppi

S. 84 oben, 96, 110, 111, 121, 159: Kantonsarchäologie Schaffhausen, K. Schäppi

S. 81, 83 oben, 97, 112, 162 Landesamt für Denkmalpflege Baden-Württemberg

S. 95: Amt für Archäologie des Kantons Thurgau, F. Gilliard

S. 116, 1. v. links, 125: Ch. Schäppi

S. 161: Amt für Archäologie des Kantons Thurgau, U. Leuzinger

S. 177, 1. von oben: Zeiteninsel, AG Lebendige Steinzeit

S. 177, 2. von oben: Alexander Dittus

S. 177, 3. von oben: Soline und Nicolas Baptiste

S. 177, 4. von oben: Eva Willberg

S. 189–190: Landesamt für Denkmalpflege Baden-Württemberg, T. Schüßler und Amt für Archäologie des Kantons Thurgau, J. Näf

© Rezept-Illustrationen: Susanne Lutz; PalaFitFood-Team; PixlMakr, SpicyTruffel, setory, Li-Bro – stock.adobe.com; pixabay.com

# Autor*innen

**Lic. phil. Katharina Schäppi** hat an der Universität Zürich Ur- und Frühgeschichte, Mittelaltergeschichte und Ältere Nordische Philologie studiert. Wie haben die Menschen früher gelebt? Diese Frage treibt die Leiterin der Kantonsarchäologie Schaffhausen bei ihrer Arbeit täglich an. Die Ernährung spielt damals wie heute eine große Rolle. Auf der Entdeckungsreise in die Pfahlbauküche konnte sie von ihrem Wissen um Anbau und Vermehrung alter Kulturpflanzen in ihrem großen Garten profitieren und lernte nebenher auch essbare Wildpflanzen neu kennen. Diese Geschmacksvielfalt zu immer neuen Gerichten zu verarbeiten und ansprechend zu fotografieren, entwickelte sich zu einer neuen Leidenschaft.

**PD Dr. Renate Ebersbach** hat Ur- und Frühgeschichte, Germanistik, Ethnologie und Zoologie in Freiburg i. Br. und Basel studiert. Als Leiterin des Fachgebietes Feuchtbodenarchäologie am Landesamt für Denkmalpflege beschäftigt sie sich hauptberuflich mit Pfahlbauten, Einbäumen, Bohlenwegen und Schiffswracks in Baden-Württemberg. Ihr Schwerpunkt sind Fragen zu Siedlungsformen, Ernährung, Wirtschaftsweise und Umwelt in der Jungsteinzeit und Bronzezeit. Von klein auf viel im Freien unterwegs und begeisterte Hobby-Köchin und -Fotografin, konnte sie in diesem Projekt Beruf und Freizeitaktivitäten perfekt miteinander verbinden und nebenher ihre botanischen Kenntnisse noch etwas auffrischen.

## Autor*innen

**Dr. des. Simone Benguerel** hat Ur- und Frühgeschichte, Klassische Archäologie und Alte Geschichte an der Universität Bern studiert. Seit 2008 leitet sie die Planungen und Feldarbeiten im Amt für Archäologie des Kantons Thurgau, darunter Untersuchungen in den kantonalen Pfahlbaufundstellen. Das Recherchieren, Verfassen von Texten und Fotografieren gehören zu ihrem Arbeitsalltag. Sie blättert gerne in schönen Kochbüchern, experimentiert beim Kochen und genießt das Essen und Trinken. Eine neue Herausforderung war das Finden (und Erkennen) der Zutaten in Feld und Wald!

**Dr. Markus Gschwind** ist provinzialrömischer Archäologe und erforscht die Militärorganisation und Wirtschaftsgeschichte des Römischen Reiches. Er studierte in München und Newcastle upon Tyne und arbeitete über römische Militärplätze an der Donau und in Syrien. Seit 2016 ist er am Bayerischen Landesamt für Denkmalpflege als Koordinator Archäologische Welterbestätten für Teile des Limes und der »Prähistorischen Pfahlbauten um die Alpen« zuständig. In der Freizeit geht er gerne in die Berge. Für das Projekt PalaFitFood ist er zusammen mit seiner Familie ein Jahr lang auf die Suche nach essbaren Wildpflanzen gegangen und in die Pfahlbauküche eingetaucht.